中国旅游市场
发展与监管报告
(2019)

Report on China Tourism
Market Development and Regulation

(2019)

邹统钎 主编　　韩玉灵 王欣 王天星 副主编　　吴丽云 执行主编

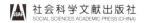

社会科学文献出版社
SOCIAL SCIENCES ACADEMIC PRESS (CHINA)

《中国旅游市场发展与监管报告（2019）》
编辑部

各章写作分工

全书由邹统钎设计框架，最后由吴丽云统稿。各章分工如下。

第一章　国内旅游发展现状及趋势

　　北京第二外国语学院中国文化和旅游产业研究院
　　　　副教授　吴丽云

　　北京第二外国语学院中国文化和旅游产业研究院
　　　　讲师　李颖

　　北京第二外国语学院旅游科学学院研究生　刘乙

　　北京第二外国语学院旅游科学学院研究生　郑曦璐

第二章　入境旅游发展现状及趋势

　　北京第二外国语学院旅游科学学院副教授　李创新

第三章　出境旅游发展现状及趋势

　　北京第二外国语学院校长助理、中国文化和旅游产业
　　　　研究院院长　邹统钎

　　北京第二外国语学院旅游科学学院研究生　韩全

　　北京第二外国语学院旅游科学学院研究生　陈歆瑜

北京第二外国语学院旅游科学学院研究生　陈欣

第四章　旅游市场监管总报告

北京第二外国语学院中国旅游人才发展研究院

执行院长　韩玉灵

中国劳动关系学院酒店管理学院副教授　翟向坤

第五章　旅游信用监管体系

北京第二外国语学院中国文化和旅游产业研究院文化

旅游政策法规研究中心讲师　慕晓

第六章　在线旅游市场的发展与监管

北京第二外国语学院中国文化和旅游产业研究院文化

旅游政策法规研究中心副教授　王天星

第七章　旅行社市场监管

北京第二外国语学院中国文化和旅游产业研究院文化

旅游政策法规研究中心副教授　王惠静

第八章　星级酒店公共卫生监管

中国农业大学人文与发展学院副教授，北京航空航天

大学法学院博士后　刘建

第九章　旅游景区监管

北京第二外国语学院中国文化和旅游产业研究院文化

旅游政策法规研究中心讲师　李杉

目　录

上篇　旅游市场发展报告

第一章　国内旅游发展现状及趋势

一　国内旅游发展背景

（一）全球经济增长持续放缓

受多种因素的影响，近年来全球经济增长持续放缓。《2019年贸易和发展报告》显示，2019年全球经济增长明显下降，预计全球经济增长率降至2.3%。近五年来，全球经济增长率维持在2.5%~3.0%，其中发达经济体的发展更显疲软，GDP增长率在2%左右，低于发展中经济体4%左右的GDP增长率（见图1-1）。全球经济发展持续放缓，未来充满了不确定性。

中美贸易摩擦不仅对两国经济带来不良影响，也对全球经济发展带来负面影响。2018年3月，特朗普签署"232措施"、备忘录等，对来自中国的产品加征关税，由此引发全球贸易摩擦。贸易摩擦涉及多个产业链，随着摩擦的深化不仅影响了全球产业链，也给世界多国带来负面影响，影响了全球经济的发展。贸易摩擦也打击了投资者信心，使得全球投资有所下降。贸易摩擦和全球经济低迷，对中国旅游业发展造成了一定的外部不良影响。

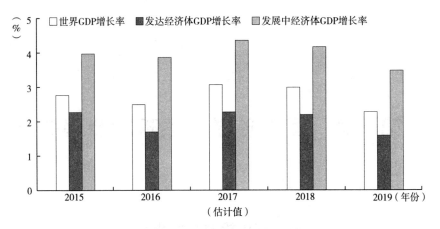

图1-1 2015~2019年全球经济增长情况

资料来源：《2019年贸易和发展报告》。

（二）我国经济转向高质量发展阶段

党的十九大报告指出，中国特色社会主义进入新时代，我国社会主要矛盾已经转化为人民日益增长的美好生活需要和不平衡不充分的发展之间的矛盾。我国经济已由高速增长阶段转向高质量发展阶段，正处在转变发展方式、优化经济结构、转换增长动力的攻关期，建设现代化经济体系是跨越关口的迫切要求和我国发展的战略目标。

过去30年来，中国经济一直保持高速增长，年均增长率在9.2%左右，尤其是在2003年到2007年实现了连续5年国内生产总值增长率在10%以上，创造了中国奇迹。当前，中国经济增长速度从高速向中高速转换，但经济发展依然保持稳定增长，近几年一直维持在6%以上的增长率（见图1-2）。2018年，中国国内生产总值达到90.03万亿元，位居世界第二，增长率为6.6%，保持稳中有进的发展态势。

我国经济发展动力也正由投资和出口导向向消费、投资、出口共同拉动转变，消费对经济增长的贡献不断加大，供给侧改革深化推进，新产业、新业态、新场景、新模式、新产品、新服务不断涌现，产业结构持续优化。正如党的十九大报告中提到的，为实现高质量发展，必须深化供给侧结构性改革，支持传统产业优化升级，加快发展现代服务业，瞄准国际标准提高水平。旅游业正在成为释放国内消费需求、拉动经济增长、实现高质量发展的重要领域。

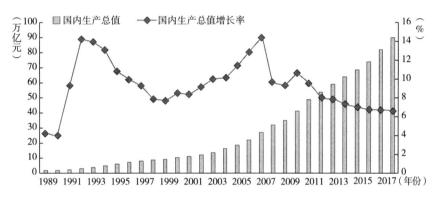

图 1 - 2　1989 ~ 2018 年中国国内生产总值及增长率
资料来源：国家统计局。

（三）内需成为拉动经济增长的重要力量

近年来，经济下行压力加大，受国际整体经济环境的影响，投资和出口对经济增长的拉动作用有所下降；同时，我国国民收入水平持续提高，消费需求日益旺盛，发展空间很大。刺激国民消费、扩大内需成为当前拉动经济增长的重要力量。

2019 年以来，我国出台了一系列相关政策文件。国家发改委等十部委印发了《进一步优化供给推动消费平稳增长促进形成强大国内市场的实施方案》，提出要扩大优质产品和服务供给，更好地满足高品质的消费需求，加快国际消费中心城市培育建设。国务院办公厅印发《关于促进全民健身和体育消费推动体育产业高质量发展的意见》，鼓励各地采取灵活多样的市场化手段促进体育消费，增强发展动力。国务院办公厅印发《关于加快发展流通促进商业消费的意见》，提出二十条稳定消费预期、提振消费信心的政策措施，包括培育消费热点、活跃夜间商业和假日消费市场等。国务院办公厅印发《关于进一步激发文化和旅游消费潜力的意见》，提出要丰富文化和旅游产品、服务供给，推动全国居民文化和旅游消费规模保持快速增长，持续增强文化和旅游消费对经济增长的带动作用等内容。上述文件的密集发布，反映了中央层面对以内需拉动经济增长的重视。

从居民消费潜力来看，2014～2018 年，最终消费占 GDP 的比重都在 50% 以上，近几年还有所下降，从 2014 年的 54.3% 下降到了 2018 年的 50.7%，消费对 GDP 的贡献有下降趋势（见图 1－3），与发达国家 80% 的比例相比还有很大的差距。当前，消费需求的激发和释放空间很大，消费在拉动经济增长中的作用有望不断提升。

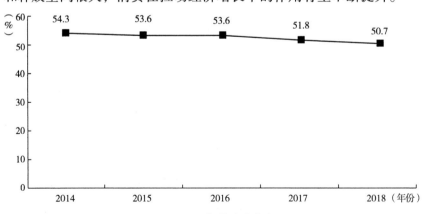

图 1－3 2014～2018 年最终消费占 GDP 比重

资料来源：国家统计局。

二　国内旅游消费特征

当前，国内旅游消费呈现四大特征。

（一）散客化

中国已进入散客化时代。随着科技的发展，旅游目的地信息获取的便捷性大大提高，越来越多的游客选择自由行方式出行。中国旅游统计年鉴的数据显示，2013～2017 年，中国城镇居民的散客出游率在 95% 左右，农村居民的散客出游率在 97% 左右，全国平均的散客出游率在 96% 上下浮动，散客已成为国内游客出游的主要方式（见图 1-4）。

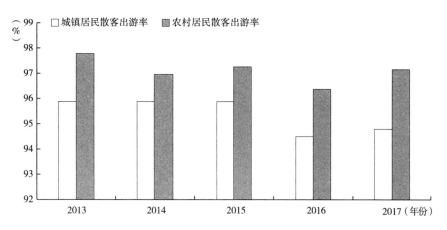

图 1-4　2013～2017 年城镇居民和农村居民散客占比

资料来源：中国旅游统计年鉴。

和团队旅游时期相对单一与标准化的旅游产品、服务不同，散客化时代游客对于个性化、体验化产品的诉求更加多元。旅游企业和旅游服务供应商需要针对散客消费需求和行为变化快速做出响应，不仅要根据游客的年龄、职业、偏好等个性化特征推出适应性的产品和服务，也更需具有针对性地营销宣传。

（二）体验化

随着游客出游次数的增加和旅游经验的丰富，越来越多的游客已经不再满足于过去走马观花式的旅游方式，他们更注重旅行的质量和旅游的体验，他们更希望能够深入了解旅游目的地的社会、经济和文化，参与到当地人的生活中，从而获得深度参与感和体验感。2019 年 1 月，马蜂窝旅游网和中国旅游研究院联合发布的《文旅融合：全球自由行报告》显示，中国游客对于旅游体验的需求持续提升，中国游客更愿意在目的地多做停留、了解当地文化，从而观赏文娱节目的消费支出也随之迅速增长。2018 年，最受欢迎的国内热门演出是川剧变脸。除了参观当地景点和品尝当地美食，观看川剧变脸也成为游客了解四川传统文化的重要方式，游客对旅游体验越来越看重。

（三）智能化

互联网的发展和智能手机的广泛应用，让移动消费、智能消费成为国内旅游消费的重要特点。无移动、不消费，智能手机在中国的全方位应用，正在成为改变产业发展格局和企业营销模式的重要力量。从 2014 年到 2018 年，中国网民数量从 6.49 亿人次增长到 8.29 亿人次，互联网普及率从 47.9%提升到 59.6%，短短 5 年实现了跨越式的增长（见图 1 - 5）。手机网民规模增速更快，从 2014 年的 5.57 亿人次增长到 2018 年的 8.17 亿人次，手机上网人群比例从 85.8%上升到 98.6%，快速的增长也让手机成为当下最值得开发的移动终端（见图 1-6）。2019 年 8 月 30 日，第 44 次《中国互联网络发展状况统计报告》显示，截至 2019 年 6 月，我国网民规模达 8.54 亿人次，互联网普及率达 61.2%，较 2018 年底提升 1.6 个百分点；我国手机网民规模达 8.47 亿人次，网民使用手机上网的比例达 99.1%。一个手机网民规模超过互联网网民规模的时代即将到来，全民手机上网对于国内旅游产品、服务创新和营销模式的影响正在不断被放大，移动终端已经成为无法被忽视的工具。

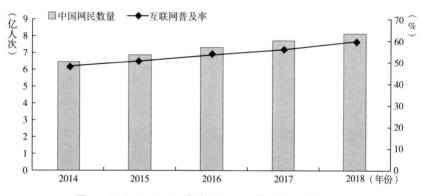

图 1-5　2014~2018 年中国网民数量及互联网普及率

资料来源：《中国互联网络发展状况统计报告》。

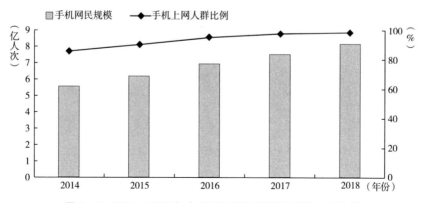

图 1-6　2014~2018 年中国手机网民规模及手机上网比例

资料来源：《中国互联网络发展状况统计报告》。

移动互联网和智能技术的广泛应用正在全面改变人们的旅游行为，无论是出游前的线上预订机票、酒店、门票，抵达目的地时的预约接送，入住酒店、游览景区时的智能服务，还是返回客源地后的线上反馈，围绕旅游消费的产品和服务都在向更加智能、更加便捷的方向发展。《2019年上半年中国在线旅游（OTA）行业分析报告》显示，2018年旅游消费有超三成在线上完成，在线旅游交易额突破1.2万亿元，同比增长21.5%，截止到2019年6月，中国在线旅游用户规模达到1.5亿人次，同比增长超六成。5G时代的到来和人工智能的发展将进一步推动旅游的智能化发展，为游客的旅游消费带来更多便利和更好体验。

（四）个性化

在国内旅游发展过程中，年轻人成为旅游消费的主体。2018年《中国旅游统计年鉴》显示，45岁以下游客占出游人群的70%，34岁及以下占48%，年轻人是旅游消费的绝对主体（见图1-7）。

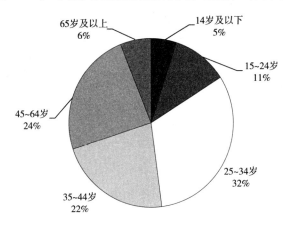

图1-7　2017年国内旅游游客年龄分布

资料来源：《2018年中国旅游统计年鉴》。

以年轻人为主导的旅游消费人群，对个性化的旅游需求日渐凸显。以观光为主体的旅游需求正日益被多样化的旅游需求取代，无论是探险游、研学游、博物馆游、文化游，还是邮轮游、工业游、冰雪游、低空游、乡村游、自驾游等，旅游消费的边界不断拓展，游客的个性化需求不断凸显。

在个性化消费时期，定制旅游日渐火热。《2018 年中国在线定制旅游行业研究报告》显示，2017 年"线上 + 线下"定制旅游市场交易额达到 865 亿元，其中 92% 的交易额是在线下完成的。《2019 中国定制旅行发展报告》显示，2018 年一线城市占 36%，二线城市占 42%，三线城市占 13%，其他城市占 9%；定制游门槛在降低，国内游的定制费用已由 2016 年的人均 4000元，下降到 2018 年的 3302 元，定制游正在被更多游客享用。

无论是定制游的日益火爆，还是小众旅游市场的发展，以满足游客个性化消费需求为特征的旅游产品和服务供给将不断丰富和完善。携程数据显示，2019 年，国庆假期租车自驾游订单同比增长近 60%，探秘周边小众线路的短途自驾游持续受到热捧，私家团的报名人数同比增长高达 155%，颇具特色的夜游经济更加火爆，黄浦江游船、重庆两江游船、珠江游船等门票订购量增长均超过 50%，我国旅游消费个性化趋势越来越明显。

三　国内旅游供给特征

（一）旅游产业平稳发展，国内旅游保持稳定增长

近年来，我国旅游产业一直保持平稳发展，产业结构不断

优化，产业链条不断完善。2017 年我国旅游及相关产业增加值达 3.72 万亿元，连续多年保持两位数增长，占 GDP 的比重达 4.53%，成为国民经济中举足轻重的战略性支柱产业。[①] 我国国内旅游人数保持稳定增长。从 2010 年到 2019 年，国内旅游人次从 21.03 亿人次增长到 60.06 亿人次，增长 1.86 倍；国内旅游人次增长率从 2010 年的 10.6% 到 2019 年的 8.4%，各年份平均增长率为 12.4%，一直保持了稳定增长态势（见图 1 - 8）。国内旅游收入保持高速增长，从 2010 年的 1.25 万亿元增长到 2019 年的 5.73 万亿元，增长 3.5 倍，年均增长 18%（见图 1 - 9）。2019 年，旅游总收入 6.6 万亿元，国内旅游保持持续、稳定、健康增长。

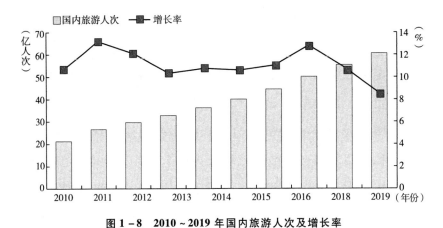

图 1 - 8　2010～2019 年国内旅游人次及增长率

资料来源：中国旅游统计年鉴（2019 年数据来自《2019 年旅游市场基本情况》）。

（二）旅游住宿业继续扩容，民宿发展渐入瓶颈

2019 年，中国的旅游住宿业继续保持增长，住宿结构持

[①]　《文化和旅游部雒树刚部长在 2019 中国旅游集团发展论坛上的讲话》。

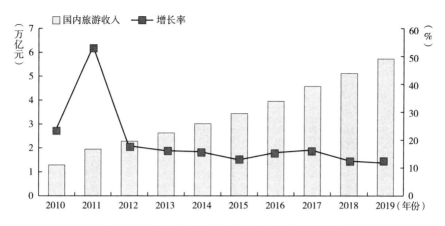

图 1-9 2010～2019 年国内旅游收入及增长率
资料来源：中国旅游统计年鉴（2019 年数据来自《2019 年旅游市场基本情况》）。

续优化，住宿业进入高品质发展的新时期。北京第二外国语学院和盈蝶咨询发布的《2019 中国大住宿业发展报告》数据显示，截至 2018 年底，全国住宿业设施总数为 482603 家，客房总数达 18164158 间。其中酒店类住宿业设施有 344313 家，客房总数达 16858721 间，平均客房规模约 49 间，酒店类住宿业设施和客房数分别占我国住宿业的 71% 和 93%。旅游住宿设施总数保持增长，从 2016 年的 42 万家到 2018 年的 48 万家，平均增速为 6.8%，客房总数从 1531 万间增长到 1816 万间，平均增长 8.9%（见图 1-10、图 1-11）。

中国的住宿业继续保持增长，住宿业内部结构不断调整，星级酒店和经济型连锁酒店总数下滑，经济型酒店面临转型压力，民宿等非标住宿以及度假型、设计型、生活方式型酒店整体实现增长。从星级酒店供给总量来看，2018 年，全国星级酒店共 10249 家，比上一年减少了 3.72%。从 2010 年开始，中国的星级酒店开始进入负增长阶段，除 2013 年有所反弹外，其他

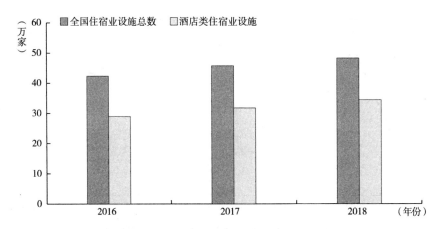

图 1 - 10　2016 ～ 2018 年住宿设施情况

资料来源：中国大住宿业发展报告。

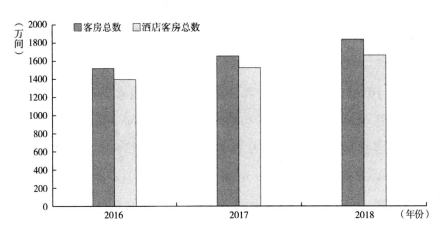

图 1 - 11　2016 ～ 2018 年住宿类客房和酒店类客房数量

资料来源：中国大住宿业发展报告。

年份均是负增长。星级酒店负增长现象的出现，是国民住宿更趋多样化、个性化、品质化等需求引致的结果，星级酒店面临品牌升级。

　　经济型酒店发展进入转型期。从 2016 年开始，传统的经济型连锁酒店增长开始出现明显下滑，经济型酒店的黄金发展期已经过去，其正在向四、五线城市下沉。2019 年前三季度，7 天连锁酒店总数较上年减少 97 家，2018 年，7 天连锁酒店较 2017 年减少 142 家。作为经济型连锁酒店的典型代表，7 天连锁酒店的负增长已成为经济型连锁酒店减速发展的转折点，经济型连锁酒店未来的转型发展已迫在眉睫。

受需求增长拉动，民宿行业整体保持增长。Trustdata 发布的《2019 年中国在线民宿预订行业发展研究报告》显示，2016 ～ 2019 年，在线民宿房源数量从 59.2 万个增长到 107.2 万个，在线民宿房东总量从 23.7 万人增长到 32.5 万人，在线民宿保持稳定增长。但随着民宿数量的增加，民宿业的竞争也日趋激烈。作为国内民宿业发展代表的莫干山，自 2015 年开始，其入住率增长减缓乃至下降。民宿的发展正面临提质升级、品质化发展的新挑战。

（三）旅行服务业保持稳定发展，创新难度不断增加

旅行社数量稳定增长，在线旅游交易规模保持增长，但增速明显下滑，在线旅行服务业竞争更趋激烈，创业创新发展难度加大。从 2010 年到 2016 年，我国旅行社数量保持低速增长，从 22784 家增长到 27939 家，平均增速为 3.4%；2017 年第 3 季度，全国旅行社有 27409 家，较 2016 年有所下降（见图 1 - 12）。2019 年 6 月 30 日，全国旅行社总数为 37794 家，较 2017 年增长了 37.8%，增速很快；全国旅行社呈现明显的东多西少的分布，东部地区、西部地区、中部地区及东北地区分别占全国旅行社总量的 51%、23%、18% 和 8%；旅行社数量超过 2500 家的旅行社全部分布在东部地区，包括广东、北京、江苏、浙江

和山东，东部地区是最重要的客源地和目的地；2019 年上半年全国旅行社国内旅游组织达 7773.36 万人次，接待 7812.08 万人次。① 旅行社整体保持了稳定增长，依然是国民出行的重要选择方式。

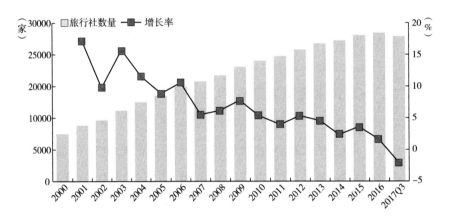

图 1-12　2010~2017 年第 3 季度全国旅行社数量及增长率
资料来源：中国旅游业统计公报。

但传统旅行社的生存环境不容乐观。一方面，国家出台了一系列政策整治旅行社恶性低价竞争；另一方面，在线旅行服务企业的发展，进一步抢占了旅游服务市场，对传统旅行社形成威胁。2019 年 9 月，全球最早的旅行社企业托马斯库克宣布破产，也为中国的传统旅行社的未来发展敲响了警钟。根据市场消费需求的变化，针对新兴旅游领域，如定制旅游、主题旅游、深度游等，开展深入探索，同时谋求未来的转型发展，是传统旅行社所面临的最迫切的问题。

在线旅行服务业也进入发展瓶颈期。从 2013 年到 2017 年，

① 《文化和旅游部关于 2019 年上半年全国旅行社统计调查报告》，http：//zwgk.mct. gov.cn/auto255/201910/t20191021_ 848372.html? keywords = 。

在线旅游市场交易规模一直保持高速增长，年均增速超过20%，2016年达到56.1%，但2018年增速明显放缓，仅增长9.3%（见图1-13）。随着获客难度加大，在线旅行服务企业流量增长渐停，总体发展速度放缓。在线旅游业市场的绝大多数份额仍然掌握在少数几家巨头企业手中，市场集中度很高，2018年CR4达到70.8%，较2017年上升0.4个百分点，其中携程的市场份额占36.6%，去哪儿市场份额为16.5%，飞猪旅行市场份额为14.3%，途牛和美团点评分别占3.4%的份额。[①] 在线旅游业竞争更加激烈，创新的空间越来越小，创业死亡率非常高。例如融资超千万的周末去哪玩和收留我已经先后停止运营；拒宅网、脚丫旅游网、周五旅游网、徒步狗旅行等一大波在线旅游创业项目也宣告死亡。大型在线旅游企业已经在各自领域保持相对稳定发展，新进入者和在线旅行服务创新的难度不断加大，少数创新企业只能紧盯细分市场谋求发展空间。

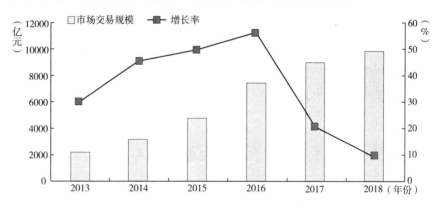

图1-13 2013~2018年全国在线旅游市场交易规模及增长率

资料来源：2019中国在线旅游市场年度综合分析。

---

① 《2019中国在线旅游市场年度综合分析》，https://www.analysys.cn/article/analysis/detail/20019311。

（四）景区行业发展趋缓，可持续发展面临新挑战

随着游客消费需求的变化，对旅行品质的要求不断提高，越来越多的新型旅游吸引物开始广泛出现，特色小镇、旅游综合体、特色街区、城市公园、旅游度假区等泛景区业态的出现，给传统景区行业带来更大冲击。尽管如此，《2018年文化和旅游发展统计公报》显示，2018年全国共有A级景区11924个，其中5A级景区259家，作为优质景区资源代表的A级景区依然保持了较快的增长速度。

但随着A级景区数量的增长，运营管理中的问题也不断暴露出来。2019年11月6日，文化和旅游部通报全国A级旅游景区复核结果，参与复核的5000多家A级景区中，有1186家景区受到处理，其中405家受到取消等级处理。A级景区复核中大量景区受到处理，客观反映了部分A级景区在获A后发展速度跟不上消费需求的变化，或是运营管理效果不佳，无力进行持续投入，无论何种原因，都反映出A级景区当下发展的困境。同时，也有部分景区因不符合A级景区要求或者自身调整定位，主动寻求转型，出现了退A现象。2014～2019年，已有十几家景区主动"脱A"。

同时，近年来由于投资经营不善，盲目投资扩建，景区破产事件也层出不穷。从2017年开始，多家4A，甚至5A级景区宣布破产，其中包括洛阳龙潭峡谷、重庆龙门阵景区、成都秀丽东方、南京水魔方、威海大乳山景区等。伴随着多家A级景区破产，景区可持续发展正面临新的挑战。

近几年，景区正面临游客增速下降甚至出现负增长的现象，

同时，国有景区也面临来自国家层面要求不断下调门票价格的压力，两个因素的叠加成为景区不得不转型发展的重要推力。2019年，国家发改委发布《关于持续深入推进降低重点国有景区门票价格工作的通知》，要求在更广范围内、更大程度上降低相关景区门票。而多数传统景区依赖门票经济，门票降价无疑给各国有景区门票收入的持续上涨带来压力。2019年，国内已有众多旅游景区出现游客下滑现象。在景区门票价格下调压力和客源增长乏力的双重压力下，景区行业想要保持可持续发展，亟须创新和转型。

四　国内旅游发展热点

2019年，国内旅游发展出现了一些新的热点，成为社会广泛关注的旅游现象。

（一）夜间经济爆火，各地加速推进夜间经济发展

自2019年以来，夜间经济日渐火热。作为拉动内需的重要抓手，夜间经济的发展受到很多省市的重视，多个省市出台了促进夜间经济发展的相关文件，为夜间经济和夜间旅游的发展营造了良好的政策和产业发展环境，成为夜间旅游发展的重要推动力。2019年4月，上海市发布《关于上海推动夜间经济发展的指导意见》，2019年6月，济南市发布《关于推进夜间经济发展的实施意见》；2019年7月，北京市商务局印发《北京市关于进一步繁荣夜间经济促进消费增长的措施》；2019年9月，成都市发布《关于发展全市夜间经济促进消费升级的实施

意见》；2019 年 11 月，山东省政府办公厅印发《关于加快推进夜间旅游发展的实施意见》，一系列促进夜间经济的意见的出台，旨在通过打造夜生活消费区，形成夜生活地标、商圈和生活圈以及夜间旅游业态等，充分释放居民的夜间消费需求，带动目的地城市夜间经济的发展。

国内夜间旅游发展正处于快速发展阶段，其市场发展潜力巨大，经济带动效应良好，将有望形成近万亿级旅游市场。根据《旅游抽样调查资料 2017》的调查结果，我国城镇居民和农村居民过夜旅游消费分别是"一日游"花费的 4.4 倍和 3.5 倍，以夜间旅游延长游客逗留时间，由此形成的过夜旅游消费市场将非常壮观①。

（二）玻璃栈道走红，政府安全监管不断加强

近几年，玻璃栈道成为网红产品，很多景区的玻璃栈道成为年轻人热衷的网红打卡地，玻璃观光产品也成为景区争相复制的项目。各地玻璃栈道的扎堆建设，很多是简单复制的玻璃栈道，随着眼球效应，从众效应和新奇体验的消减，玻璃栈道还能红多久？各地一窝蜂地复制建设玻璃栈道，既是当下景区对创新单品的强烈渴求，也反映出很多企业的"拿来主义"精神。大多景区对玻璃栈道这一观光体验产品并无创新设计，只是简单复制建设，为寻找噱头，冠以全国最长、海拔最高，某省或某区域最长或海拔最高等名号，导致栈道越修越长，投资越来越大，国内有的玻璃栈道长达 3600 米，有的投资额达上亿

---

① 吴丽云：《国家文化公园建设要突出"四个统一"》，《中国旅游报》2019 年第 3 期。

元。但缺乏创新的简单复制品，长度并不能为游客带来更多更优体验，反而会因长度过长降低游客体验感，增加游客的审美疲劳和身体疲劳，成为游客体验的绊脚石。过高的投资额，则加大了景区投资回收的难度。随着各地众多玻璃栈道的建设，玻璃栈道的引流作用和新奇引力不断下降，如无持续的创新，"西游记宫"的故事恐怕又会重演。①

　　玻璃栈道在各地的广泛建设，也因为安全建设和监管不力，出现了一些安全事故，危及游客人身安全。2019 年，文化和旅游部向各地方下发了《关于加强 A 级旅游景区玻璃栈道项目管理的通知》，提出加强对玻璃栈道项目的管理，黑龙江、湖北、湖南、江西、广东、福建等地方文旅厅也相继展开行动，一些玻璃栈道项目被责令停业。自 2018 年 3 月以来，仅河北省就有 32 处玻璃栈道类项目全部停运。各地纷纷停运玻璃栈道项目，最主要的原因是随着行业快速膨胀，玻璃栈道项目设施质量把控参差不齐，存在安全隐患，在日常运营中没有重视安全防范，导致事故频发。

　　国内在玻璃观光设施这项新产品上仍然缺乏统一的建设标准和职能监管部门。河北省已经出台首个玻璃栈道地方标准，但由于各地具体地势条件、空间环境都不同，各地景区所承载游客量也不一致，这一标准也不一定适用于其他地区。中国风景名胜区协会成立了栈道游步道专业委员会，2019 年，浙江湖州立法明确玻璃栈道监管主体。各地也需尽快明确玻璃栈道的监管责任主体，结合各地实际尽快出台具体建设标准和监管举

---

① 《网红玻璃栈道：流量之后将如何发展》，https：//mp. weixin. qq. com/s/8m_ hQvQsh-Vkd5 FZlNLYPog。

措，以保证各地玻璃栈道的正常、健康发展。

（三）首批国家文化公园建设方案推出，文化发展渐入佳境

2017 年发布的《国家"十三五"时期文化发展改革规划纲要》首次提出依托长城、大运河等重大历史文化遗产，规划建设一批国家文化公园。此后，各地开始推动本地国家文化公园的建设，如江苏启动大运河国家文化公园（江苏段）的编制工作，北京长城国家公园体制试点区总规划初步完成，甘肃会宁宣布将建设会宁县长征文化国家纪念公园等。2019 年全国两会期间，北京市丰台区代表团提出《关于推进卢沟桥国家文化公园文化旅游融合发展的议案》，全面推动卢沟桥国家文化公园的建设。2019 年 7 月，中央全面深化改革委员会第九次会议审议通过了《长城、大运河、长征国家文化公园建设方案》，由此，国家文化公园建设进入实质性推进阶段。2019 年 11 月，江西省开始启动长征国家文化公园试点建设。2019 年 12 月，中共中央办公厅、国务院办公厅正式印发《长城、大运河、长征国家文化公园建设方案》，标志着国家文化公园进入了分阶段、分重点建设的新时期。以国家文化公园为载体，在全国范围内保护、传承彰显国家精神的文化遗产，并通过展示、传播和体验，增强全民对中华文化、中华文明和中国精神的认同感和归属感，进一步坚定文化自信，增强国民的精神力量，是新时期文化建设的重要内容[1]。

国家文化公园建设过程中应注重挖掘重点区域历史文化，

---

[1] 吴丽云：《国家文化公园建设要突出"四个统一"》，《中国旅游报》2019 年第 3 期。

注重对国家文化公园内先行文化遗产资源的系统整合，在此基础上探寻国家文化遗产与周边环境可持续发展的结合点，推动中国传统文化的传承发展。①

五　国内旅游发展趋势

从长远来看，国内旅游仍将保持稳定而持续的发展势头。消费升级而带来的休闲、度假、深度体验性需求将快速增长，围绕上述需求的国内旅游供给将进一步完善。

（一）国内旅游将保持平稳发展的态势

2019 年国内生产总值达 99.08 万亿元，同比增长 6.1%，居民人均可支配收入为 30733 元，比上年增长 8.9%，② 国民经济保持稳定增长，国内旅游发展环境平稳有序。2019 年 12 月中央经济工作会议召开，提出 2020 年将确保经济实现量的合理增长和质的稳步提升，确保全面建成小康社会。

从宏观环境来看，释放内需仍将是明年乃至未来几年经济发展的重要方向。旅游业的关联带动性和作为国民消费需求的常态化，使其成为释放消费需求的重要领域。

从行业发展来看，《关于进一步激发文化和旅游消费潜力的意见》以及《关于改善节假日旅游出行环境促进旅游消费的实施意见》等相关政策的红利仍将继续释放，国内旅游增长的后劲十足。带薪休假的推动落地，将为大众提供更多的旅游休闲

---

① 邹统钎、韩全：《国家文化公园建设管理初探》，《中国旅游报》2019 年第 3 期。
② 《中华人民共和国 2019 年国民经济和社会发展统计公报》。

时间，将进一步释放中长距离的旅游消费需求。从目前已公布的 2020 年假日安排来看，中秋节、国庆节相连形成的 8 天长假，恢复之后的五一劳动节的 5 天长假，加上端午、清明、春节的常规假期，将成为假期最为集中的一年，对于充分释放旅游消费需求将起到积极的促进作用。受新冠肺炎疫情影响，2020 年国内旅游人数和收入将有一定幅度的下滑。从长远来看，国内旅游发展依然值得期待。

（二）三、四线城市将成为国内旅游快速增长的重点区域

旅游企业、项目正下沉到国内三、四线城市，小城镇居民的外出旅游观光乃至出国旅游现象越来越频繁。无论是酒店、旅行社、旅游演艺项目还是景区投资，它们都开始关注三、四线旅游城市，这些城市旅游市场竞争相对较弱，但居民的旅游消费需求正在释放，是旅游产业发展的洼地，值得重点关注。

（三）体验性、文化性旅游需求将快速增长

消费对经济发展的推动作用将持续增强，2018 年，最终消费对经济增长的贡献率达到 76.2%。旅游消费是国内消费需求释放的重点，随着居民旅游消费的不断升级，国内游客消费需求正由观光向休闲度假转变，这种转变趋势将成为未来几年的重要方向。关注游客休闲度假需求的一些新业态将迎来快速发展，如特色小镇、文旅综合体等综合业态旅游项目。

年轻人成为旅游消费的主体，他们对于深度体验和参与的需求将不断强化，着眼于游客体验提升和深度参与的新业态、

新产品将成为供给创新的重要方向。文化性需求正成为游客日益增长的新消费需求。在物质生活得到极大满足的新时期，游客对精神层面的追求日益强烈，以博物馆、文化馆、艺术馆、美术馆、科技馆、图书馆等为特色的文化性消费需求将快速增长。中国旅游研究院的调查显示，2018年国庆7天长假，90%的游客参与了文化活动、文化消费和文化体验，文化消费渐成热潮。

（四）科技、融合、创意将成为旅游业态、产品创新的重要动力

继互联网和移动互联网之后，AI、AR、VR、区块链、物联网、大数据等新技术将成为旅游行业创新发展的重要动力。区块链、物联网和大数据与旅游产业的深度结合，或将出现全新的旅游业态。AI、AR、VR等技术与演艺、主题乐园、住宿、餐饮等行业的结合，推动沉浸式演艺、沉浸式娱乐、智能机器人、无人餐厅等新业态和产品的出现，不断提升旅游体验质量。

文化、体育、康养、农业、中医药、工业等产业与旅游业的融合发展，滋生出众多旅游新业态和新产品，是国内旅游未来发展的重要方向。研学旅游、文化旅游、冰雪旅游、体育旅游、康养旅游、农业旅游、中医药旅游、工业旅游等产业融合性产品将快速发展，综合体、特色小镇、民宿、赛事、休闲农庄、博物馆、度假区、度假村等承载多个产业融合的新业态，正成为国内旅游创新发展的重要方向。

文化创意与旅游业的结合，是旅游新业态、新产品、新服务创新的重要渠道。随着游客精神消费需求的增长，文化创意

在未来旅游发展中的作用将持续增强。文化创意与古镇、景区、博物馆、综合体、酒店、餐厅等多种业态结合形成国内旅游新现象。无论是故宫文创、乌镇戏剧节、不眠之夜演出、生活方式酒店，还是网红景点，都为旅游创新提供了方向指引。

（五）市场竞争将更加激烈，旅游企业进入新的洗牌期

国内旅游进入以品质提升、转型发展为特征的新时期。市场竞争将更趋激烈，旅游企业需要加速创新和应变的步伐，紧跟市场消费变化的潮流，及时对产品、服务、管理和运营做出调整，才能在竞争中不致失败。未来几年，旅游企业创业难度将进一步增大，围绕细分市场的创业创新将更加集聚，针对游客新消费需求的创业创新将成为重点。旅游企业将进入新的洗牌期，一批运营管理不善、产品服务跟不上市场消费需求的企业将被迫退出。

第二章　入境旅游发展现状及趋势

一　入境旅游发展背景

（一）入境旅游市场规模实现平稳持续增长

2018 年中国接待入境游客 1.41 亿人次，同比增长 1.2%，实现平稳持续增长。2018 年中国入境过夜旅游市场规模与接待外国人入境旅游市场规模实现同步稳定增长：入境过夜游客接待量为 6290 万人次，同比增长 3.6%，规模总量创下历史新高；外国人入境旅游市场接待量为 3054 万人次，同比增长 4.7%，规模总量同样创下历史新高。

2019 年中国接待入境游客 1.45 亿人次，同比增长 2.9%，保持平稳增长态势。其中，接待入境过夜游客 6573 万人次，同比增长 4.5%，规模总量再创历史新高；接待入境外国游客 3188 万人次，同比增长 4.4%，规模总量同样再创历史新高[1]。

2018 年中国实现入境旅游外汇收入 1271 亿美元，同比增长 3.0%；2019 年中国入境旅游外汇收入再创新高，达到 1313 亿

---

[1]　中国旅游研究院（文化和旅游部数据中心），《2019 年旅游市场基本情况》。

美元，同比增长 3.3% （见图 2 - 1）。

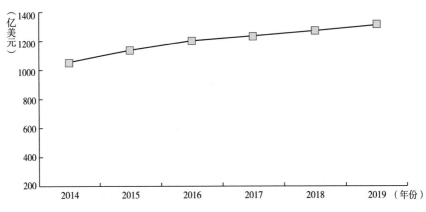

图 2 - 1　2014 ~ 2019 年中国入境旅游外汇收入情况
资料来源：中国旅游研究院（文化和旅游部数据中心）。

（二）入境过夜游客人次位列世界第四，仅次于法国、西班牙、美国

联合国世界旅游组织（UNWTO）公布的数据显示：2018 年入境过夜游客接待人次的全球排名中，中国以 6290 万人次列全球第四位。法国以 8900 万人次再度列全球榜首，西班牙以 8300 万人次继续列全球第二位，美国以 8000 万人次继续列全球第三位。

根据入境过夜游客接待量的全球排名，2018 年全球排名第 5 ~ 10 位的国际旅游目的地国家依次是：意大利、土耳其、墨西哥、德国、泰国、英国（见图 2 - 2）。

（三）文化与旅游融合促进创新发展，中国步入建设世界旅游强国新阶段

2019 年中国文化旅游、乡村旅游、民族旅游、民俗旅游、

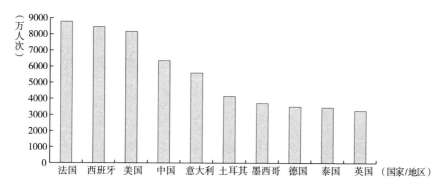

图 2 - 2 2018 年全球入境过夜旅游人次十强排名
资料来源：联合国世界旅游组织（UNWTO）。

多样主题旅游、深度体验旅游、高端旅游等多种旅游业态实现融合创新发展，有助于创新发展入境旅游的"旅游＋文化""旅游＋乡村""旅游＋民族""旅游＋民俗""旅游＋主题体验"等新型模式，共同促进入境旅游高质量发展。伴随共建"一带一路"国家民心相通、文化互信等措施相继落地实施，入境旅游的国际化发展方向也进一步明确，内外举措协同推动中国步入建设世界旅游强国新阶段。

（四）助力"一带一路"倡议，持续开发"一带一路"沿线客源市场

截至 2019 年 6 月，中国已与 120 多个国家（地区）、30 多个国际组织签署 170 余份政府间合作文件，正分批次、分步骤深化与共建"一带一路"国家（地区）的国际旅游合作。伴随"一带一路"沿线国际合作的持续推进，入境旅游企业数量进一步增加，入境游客数量进一步增长，入境旅游产业结构持续优化，入境旅游交通进一步完善，入境旅游市场转换率持续提升，

"一带一路"沿线中远程客源市场的开发效应初步显现，共建"一带一路"国家（地区）的文化交流热度持续上升。

依据同共建"一带一路"国家（地区）签署的相关国际合作协议，中国正深入持续完善优化市场经济环境、推进混合所有制改革、加强知识产权保护，并持续推进社会信用体系建设、持续完善市场主体向外资开放的政策，为外国旅游企业来华开展业务，以及切实增进入境游客体验营造出越来越好的发展环境。

二　入境旅游市场需求特征

（一）亚洲市场是中国入境旅游最主要的客源市场

亚洲市场依然是中国入境旅游最主要的客源市场之一，其在中国入境旅游客源市场中所占的份额在60%以上；其次是欧洲客源市场、美洲客源市场，其在中国入境旅游客源市场中所占的份额分别是20%和10%左右。

（二）文化、美食和多样化的旅游体验是中国入境旅游的核心吸引力

从全球范围内综合来看，国际客源在选择旅游目的地时，自然景观、人文风情、游客体验、旅行安全、设施配套是其主要的决策影响因素。而选择中国作为其开展国际旅游的目的地，主要的影响因素是中国的文化、美食和多样化的旅游体验能够吸引和打动游客。

人文风情、美食体验、历史遗存是入境游客来中国体验文化之旅的主要表现形式。此外，与游客相异的文化背景导致其对中国之旅的理解也大相径庭：亚洲游客更期待能够感受中国现代化的城市文化；欧洲游客十分青睐中国的历史文化，且其相对偏爱中国的传统特色演艺项目，如京剧、武术等；北美游客受价格因素影响十分明显，比较看重赴华旅游的产品价格与产品预算；大洋洲游客对赴华旅游的理解则更接近纯粹的人文风情体验。

（三）搜索引擎是入境游客最主要的信息获取渠道

搜索引擎是入境游客获取旅游目的地相关信息最重要的渠道。线上渠道在入境游客出行的各个阶段都不可或缺，超过七成的入境游客在整个旅游决策的过程中离不开搜索引擎。

入境游客获取旅游相关信息依赖多个渠道信息的交叉验证。近四成入境游客认为：在互联网上能够便利获取的中国旅游相关信息相对较少。从游客需求方面而言，入境游客更期待看到中国传统文化、民俗风情、"舌尖上"的美食、旅游住宿，以及旅游交通、旅行相关服务配套等更加细节化的内容。尤其是在其最开始寻找旅游目的地的选择性决策阶段，我们需要通过多渠道、多触点地提供入境游客所需的旅游信息，尽早进入入境游客的旅游目的地候选名单。

（四）视频网站/短视频在旅游营销推广中受欢迎程度最高

选对恰当的时间、正确的内容、更加接近客源市场群体的渠道，充分考虑好这三项要素是做好入境旅游营销推广工作的必要前提。调查显示，短视频能够让入境游客以更加直观的方式充分感受到旅游目的地的风光和文化，成为旅游营销推广中受欢迎程度最高的方式之一。

日渐流行的短视频更加符合人人都是自媒体的时代特性，无论是原生内容创作，还是边走边发的视频传播，同传统的严肃电视节目相比，短视频显得更加轻松自然和亲民接地气。移动视频的优势还有能够随时随地轻松观看，且通常出现在用户搜索行为发生之后，因而其个性化特征愈加明显。

在信息获取阶段，充分结合和利用短视频，全方位提供有价值的旅游信息，是中国入境旅游营销工作的重中之重。

（五）入境游客的活动轨迹持续扩展，新的产品线路需求持续上涨

从游客到访量来看，最受入境游客青睐的旅游目的地仍是以北京、上海、广州、深圳为代表的一线城市与大型城市。然而，研究表明：大部分入境游客都希望既能体验"北京—西安—桂林—上海—广州"这样的经典线路，又能尝试开辟一些新线路和体验一些新的旅游目的地，如杭州、苏州、南京、厦门、成都、重庆、青岛、大连、昆明、武汉、长沙等，未来也有更强的意愿进一步探索"新兴入境旅游城市"的风貌。

引导入境游客从口岸城市向更多的旅游目的地扩散流动，是促进中国入境旅游破解不平衡、不充分发展格局的必由之路。由此，充分发挥当前经典旅游目的地的集散和带动功能，最大限度地促进与口岸城市交通枢纽之间的交通辗转，便成为各类旅游目的地吸引游客到访的有效方式和手段。入境游客从北京、上海、广州、深圳等中国最主要的口岸和枢纽城市入境后，即可便捷通过国内航班、高速铁路、高速公路等多样化交通方式，迅速抵达各类旅游目的地城市、旅游景点等，如何将这项基础服务工作做到更好，是切实促进入境旅游新兴目的地发展、开发新的产品线路必须考虑的现实问题。

（六）文化和旅游深度融合，进一步提升入境游客的旅行体验

中国文化和旅游的深度融合体验，是入境游客在华期间追求的关键性旅行体验。基于各地的游客行为调查，结合独具特色的中国元素，切实发展特色鲜明的中国文化旅游，是中国入境旅游收获深层发展动力的根本之道。

文化消费对旅游消费的拉动作用日渐凸显。当前，入境游客的文化体验形式非常多样，入境游客能够通过博物馆、影剧院、艺术表演、非遗活动展示等多种多样的文化艺术形式，丰富其在华期间的文化旅游生活，对于提升文化旅游体验、促进身心健康、促进文化交流的拉动作用十分显著。

根据统计，人文旅游环境、历史文化街区、博物馆、文化馆、科技馆等，都已成为深受入境游客欢迎的体验热门项目。文化旅游体验中的文化演艺类支出，已经成为入境游客文旅消费支出中最主要的消费支出项目。此外，文旅消费也进一步带动了购物、交通以及相关服务产业消费的进一步增长，其中80%的文旅消费对于周边相关产业的增长拉动效应在20%以上。

三　入境旅游供给发展特征

（一）政策环境持续优化，出入境证件便利化有望进一步提升

2019 年中央政府相关职能部门，以及各地各级政府在签证便利化、国际航线开辟、离境购物退税、出入境通关便利化等方面持续发力，持续优化入境旅游发展的政策与外部环境。

2019 年全国"两会"期间，全国政协委员、春秋航空董事长王煜提交《关于发展入境游，平衡服务贸易逆差的提案》，中央及地方各级政府对于入境旅游市场的重视程度进一步上升。

2019 年 5 月，国家移民管理局、教育部、工业和信息化部等 16 个国家部委联合印发《关于推动出入境证件便利化应用的工作方案》，提出统筹推进出入境证件便利化工作，切实提升出入境证件便利性。加强"互联网 + 政务服务"应用，建设出入境证件身份认证服务平台，提供互联网出入境证件身份认证服务，力争在 2019 年 12 月 31 日前全面实现港澳居民来往内地通行证和华侨护照在交通运输、金融、通信、教育、医疗、社保、工商、税务、住宿等领域的便利化应用。

（二）城市在入境旅游营销推广中的支撑作用日益显现

2019 年在中国入境旅游营销推广方面，热点城市的积极尝试与开拓性创新可圈可点，积极推动了入境旅游目的地营销推广的活动内容与方式创新。

2019 年重庆、西安等一批城市突然成了炙手可热的"网红"

城市，入境游客到访量与入境旅游收入显著增长。位于西安城墙脚下的永兴坊"摔碗酒"就是被短视频捧红的众多"网红"景点之一。"摔碗酒"再配上一曲欢快又洗脑的《西安人的歌》，在各类自媒体网上迅速蹿红，吸引八方游客慕名前来"打卡"，饮一碗古城老米酒，做一回西安"社会人"。其他各类自媒体成就的"网红"景点还有重庆的"轻轨穿楼"、厦门鼓浪屿的"土耳其冰淇淋"、山东济南宽厚里的"连音社"和张家界的天门山等。

（三）资本、技术、文创等新要素在推动供给侧结构性改革中的新动能逐步体现

在资本、技术、文创、知识、人才以及共享经济等新型商业模式的共同驱动下，入境旅游供给侧结构性改革不断深化。旅游电子商务迅猛发展，"旅游 +"等多种新业态接连兴起，使入境旅游产品与服务的新型商业模式不断涌现；目的地商业环境逐渐完善，为中国入境旅游市场的规模增长与结构优化持续贡献新动能。

如 2019 年海南着力建设"国际旅游岛"与"具有世界影响力的国际旅游消费中心"，"点—线—面"结合推动旅游目的地软硬件条件同步提升，确保一批市县顺利通过全域旅游示范区国家验收；做强邮轮游艇产业，推动三亚开展公海游航线试点，在 5 个出入境口岸开通琼港澳游艇自由行，探索境外游艇航行水域负面清单制度等。

（四）基础设施和综合服务配套不足仍然是中国入境旅游发展的现实制约因素

在全球化背景下，国家和地区的竞争已从单纯依靠市场推广争夺境外客源逐步扩展到目的地海外营销推广工作覆盖面、目的地旅游产品的内容特色与形式创新、基础设施、公共服务与商业环境的配套状况等方方面面的综合竞争。特别是在全域旅游时代，国际客源市场群体对出境旅游便利化政策、目的地城市管理、目的地公共服务配套等目的地整体发展环境给予越来越高的关注。中国入境旅游的竞争力在签证便利性、环境可持续性、旅游安全与保障、游客服务配套设施、旅游商业环境、国际开放度等方面尚存较大的提升空间。

中国入境旅游在交通、通信、水利水电、城市供排水、城市供气、供电设施，以及提供无形产品或服务等方面的旅游基础设施仍有待进一步改进。中国入境旅游在旅游接待设施（包括停车场、酒店、饭店等）、旅游购物设施、娱乐设施、医疗救护设施、信息服务、问讯、物品寄存、邮局、快递、自动取款、外币兑换、电话、厕所、饮水点、垃圾桶等旅游配套设施等方面，同旅游发达国家相比仍然存在一定的差距。

四 中国入境旅游的发展趋势与政策建议

综合当前中国入境旅游市场的各类影响因素与结构状况来看，虽然当前国内外形势对中国入境旅游市场带来了一定的挑战，国际社会外部环境的不确定性影响加剧，但作为全球文化旅游资源大国和全球新兴经济体的典型代表，中国入境旅游的吸引力依然强劲，中国入境旅游平稳发展的基本面没有发生根本性变化，有利条件与外部机遇依然存在，中国入境旅游主要客源市场依然存在持续拓展的空间，中国入境旅游发展的潜力依然很大。

为促进中国入境旅游进一步健康持续稳步发展，建议持续关注以下方面的重点工作。

（一）探索建立入境、出境和国内三大市场的互动机制，寻求"三大市场"的有机联动

借鉴境外发达国家或地区的发展模式，适时总结各地发展入境旅游的先进经验，从顶层设计层面统筹"入境旅游市场、国内旅游市场、出境旅游市场"的有机互补与有效联动。

建议各级文化和旅游行政主管部门将"入境旅游市场、国内旅游市场、出境旅游市场"统筹考虑、统筹协调，充分利用国内旅游市场和出境旅游市场的快速成长态势，以及由此带来的经济收益为入境旅游市场提供切实有效的经济支撑、工作团队支撑、各类资源支撑。建议将当前出境旅游市场的地接服务同入境旅游市场的海外营销推广工作统筹考虑，进一步探索二者在海外的资源共享，进一步创新和拓展入境旅游的推广营销渠道。考虑在已有的入境旅游奖励机制的基础上，建立出入境旅游综合绩效考评工作机制，引导激励各级各类旅游市场主体统筹利用当前从出境旅游市场获取的丰厚收益反哺入境旅游市场，追求入境旅游市场同出境旅游市场的均衡发展。

（二）系统设计全面优化入境旅游发展的政策环境

在保障国家整体安全和国家根本利益的前提下，系统性设计并有序化推进中国特色旅游便利化进程。引入和吸引权威智库参与讨论和研究，探讨有计划、系统性地推动包含签证、免退税和航权等便利化政策的可能性。尽可能地提升相关政策的精准性和实效性。积极引入大数据、云计算、AI、虚拟现实等科技，推进旅游便利化进程，在入境便利化方向上，对粤港澳大湾区以及共建"一带一路"国家或地区适当倾斜，在签证签注便利化、国际航权开放、离境购物退税、国际证照互认、跨境车辆救援、跨境旅游保险、邮轮旅游市场开放等方面加大合作力度。突出全环境与全过程便利，在语言联通、网络连接、服务和交通衔接上投入更多资源。近期考虑推动更便捷的多元交通方式联通，在国际航线、跨境铁路、公路网络的联通上探索新的合作和管理机制，提升境内不同目的地间的客源输送、集散组织能力与服务质量。

（三）充分发挥全域旅游的战略性作用，持续改进入境旅游的发展环境

伴随入境旅游从"定点式"的景区景点旅游向全域旅游发展阶段的转变，入境游客的旅游活动必然也将与旅游目的地的各项公共服务行业产生更多的交集，其对旅游目的地公共服务行业的敏感度进一步上升，包括步行道和自行车道、机场、银行卡刷卡、火车站、自驾车、城市公交、交通标识、长途客运、供电、互联网覆盖、出租车、手机信号覆盖、供水和水质等涉及公共服务行业的要素指标等，都受到了入境游客越来越多的关注，文化和旅游行政主管部门有必要协调相关部门与机构，协同改进提升入境旅游的整体发展环境。

（四）持续聚焦便利化，逐步消解入境旅游发展的系列障碍因素

科学总结 144 小时过境免签政策的经验模式与成功做法，

持续扩大过境免签政策的覆盖范围。简化自驾车跨境旅游手续，积极推进跨境车辆便利化政策配套，在简化相关手续方面持续发力。分步骤、分批次构建面向共建"一带一路"国家和地区的"准母语"友好接待体系，持续稳步消解入境游客面临的语言障碍问题。

持续完善入境旅游购物离境退税政策配套体系，将离境退税政策试点地区拓展至入境游客集中、旅游消费需求旺盛，特别是已经有144小时过境免签政策的城市（地区），强化便利性政策的叠加效应与综合效应。在把握入境游客流向规律特征的基础上，构建覆盖入境主要旅游热点城市（地区）的境外游客离境退税网络体系，持续构建与完善"异地购物、异地退税"的便利化退税网络系统。

（五）重视入境旅游不平衡、不充分发展的突出问题，加强空中航线与旅游交通体系建设

配合过境免签政策，探索在部分重点入境旅游目的地开放第五航权。面向共建"一带一路"国家和地区与重点入境客源市场，积极扶持和培育直航航线航班。支持中西部地区和东北地区支线机场建设与廉价航空航线发展。结合航权开放与航线增设，开发针对国际市场的"一程多站"式旅游产品。推动国际国内高速铁路网络联通，发展跨境国际铁路旅游。提高中西部地区城市与景区、景区与景区间旅游交通的组织能力与服务质量。

第三章　出境旅游发展现状及趋势

一　出境旅游发展背景

（一）出境游政策趋于开放，普通护照"含金量"稳步提高

目前，我国支持部分片区发展跨境旅游等产业的政策纷纷出台，为边境旅游试验区和跨境旅游合作区的建设提供指引，也为来此开展商务、旅游等活动的国内外游客提供了出入境的便利。2018 年 4 月 17 日，经国务院审定，《内蒙古满洲里边境旅游试验区建设实施方案》《广西防城港边境旅游试验区建设实施方案》正式发布，明确提出要全力构建全区域、全要素、全产业链的边境旅游发展新模式，深度融入"一带一路"建设。在满洲里试验区深化与俄蒙毗邻地区旅游市场、产品、信息、服务融合发展，在防城港边境旅游试验区打造中越旅游产业融合发展实践区和中国—东盟旅游合作先行区，推动边境旅游由旅游通道向旅游目的地的转变。2019 年 8 月 2 日，国务院印发《中国（山东）、（江苏）、（广西）、（河北）、（云南）、（黑龙江）自由贸易试验区总体方案》，新设六个自由贸易试验区，各有侧重的差别化开展试点任务，推动出境旅游快速发展。

此外，为最大化出入境证件降费政策的受惠面，国家移民管理局研究决定自 2019 年 7 月 1 日起降低中国公民出入境证件中普通护照和往来港澳通行证的收费标准。据外交部领事司称，截至 2019 年 1 月 9 日，全球给予中国游客免签或落地签待遇的国家和地区已经达到 72 个，表 3 - 1 为 2018～2019 年部分新增免签国家名单。

表 3 - 1　2018～2019 年部分新增免签国家名单

日期	国家	免签政策
2018 年 1 月 16 日	阿联酋	阿联酋对中国公民实行免签政策
2018 年 5 月 29 日	波斯尼亚和黑塞哥维那	中华人民共和国与波斯尼亚和黑塞哥维那互免签政策正式生效
2018 年 8 月 1 日	斯里兰卡	斯里兰卡对中国公民实行免签政策
2018 年 8 月 10 日	白俄罗斯	中华人民共和国和白俄罗斯两国实行互免签政策
2018 年 8 月 19 日	汤加	汤加对中国公民实行免签政策
2018 年 12 月 21 日	卡塔尔	中华人民共和国和卡塔尔全面互免签协定正式生效
2019 年 3 月 1 日至 10 月 31 日	阿尔巴尼亚	阿尔巴尼亚向中国公民实现旅游旺季免签政策，180 天内累计停留期限不超过 90 天
2019 年 5 月 26 日	亚美尼亚	中华人民共和国和亚美尼亚通过了全面互免签协定
2019 年 7 月 22 日	伊朗	伊朗对中国公民实行免签政策

资料来源：中国外交部领事司。

此外，许多国家（或地区）也纷纷放宽签证政策，例如马来西亚于 2019 年 7 月宣布将为中国游客增设落地签证服务，印度驻华大使馆也于同年 10 月放宽了中国游客赴印度旅游电子签证的有效期。与此同时，日本外务省于 2019 年 7 月 29 日对部分单次赴日的中国旅游团体游客签证开启网上申请模式。

（二）出境游旅行社发展遭遇瓶颈，"新跟团游"产品走俏

面对复杂多变的国际局势、持续低迷的全球经济环境以及来自大型在线旅游平台的不断挤压，传统出境游旅行社倍受冲击。出境游龙头众信旅游发布的《2019 年半年度报告》数据显示，继 2018 年净利缩水八成后，2019 年上半年出境游实现营收达 57.19 亿元，同比下滑 1.09%；归属于母公司所有者净利润为 1.10 亿元，同比下滑 20.37%，净利继续萎缩。与此同时，2019 年 9 月 23 日，全球历史最悠久的旅游公司之一托马斯库克集团（Thomas Cook Group）宣布破产清算，致使 60 万名旅客滞留国外。

长期来看，随着出境游向三、四线城市下沉，签证、语言等障碍使得出境跟团游市场仍有较大需求，而在境外开设的国际旅行社凭借其对当地资源环境的了解和人脉优势同样具有较大的发展空间。近年来，在欧洲市场欧来欧去、开元周游等旅行社开始探索大巴循环游产品，只提供旅游交通和住宿服务，由客人自由选择旅游城市上团下团，留给游客更大的选择空间。此外，异业结合也是出境游旅行社正在探寻的一个切入点，即将目的地本身具备吸引力的非旅游资源嫁接于旅游之上。2019 年 10 月，凯撒旅游以跨界形式与教育企业立思辰签署战略合作协议，联合打造"教育 + 旅游"的创新生态模式，在开发研学教育、国际文旅路线等方面开展合作，满足游客个性化的需求。

（三）在线旅游平台出境游产品故障频出，"强监管"势在必行

近年来在线旅游市场飞速发展，在线旅游企业和平台的数量不断增多，但其中出现的市场乱象不容小觑。2018 年 7 月 5 日普吉岛游船倾覆事件造成中国游客重大伤亡，在 127 名游客中，通过飞猪、携程、懒猫等在线旅游平台预订该项目的游客就有 121 人。在线旅游平台的安全隐患引发人们关注，也由此暴露出国内旅行社超范围售卖出境游产品、在线旅游平台供应商"资质双无"、目的地服务安全监管空置等问题。此外，人民网公布的 2019 年上半年旅游投诉数据显示，在旅游 3·15 投诉平台中共收到有效投诉 462 条，其中涉及在线旅游企业的投诉有 365 条，占总投诉量的 79%，退款问题、商品质量问题、网络欺诈成为 2019 年上半年游客投诉的重灾区。

面对以上问题，文化和旅游部监督管理司于 2019 年 7 月对相关企业发布《规范出境自助游相关要求》，要求在线旅游企业和平台下架不合格供应商提供的产品，并于 10 月 10 日发布了《在线旅游经营服务管理暂行规定（征求意见稿）》，对虚假预订、不合理低价游、"大数据杀熟"、信用监管等问题做出具体规定。与此同时，英国竞争和市场管理局（CMA）对 Expedia、Booking. com、Trivago、Agoda 等在线酒店预订平台展开调查，要求其对隐藏收费、压力销售和虚假评论等问题进行整改。

二　出境旅游发展现状

（一）出境旅游市场发展迅猛，旅游服务贸易逆差严重

当前，我国经济已处于高速发展的时期，国民人均可支配收入不断增多。国民人均可支配收入的增多使得越来越多的人选择出境旅游。同时，政策的不断放宽、签证环境的改善、国民消费需求的多元化等因素更加促使了中国出境旅游市场的迅

猛发展。中国已连续数年成为世界第一大出境客源国。

2019 年中国公民出境旅游人次持续保持增长。出境游客达 16921 万人次，比上年增长 4.5%（见图 3 - 1）。

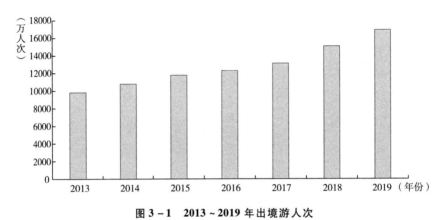

图 3 - 1　2013 ~ 2019 年出境游人次

资料来源：旅游统计年鉴，2019 年数据来自《中国 2019 年国民经济和社会发展统计公报》。

旅游贸易逆差仍是我国服务贸易逆差的主体部分。国家外汇管理局的数据显示，2019 年 9 ~ 12 月。中国服务贸易的 12 个子项中，"旅行"逆差额一直处于较大状态，- 1206 亿元、- 1071 亿元、- 992 亿元、- 131 亿元。

（二）出境旅游消费持续增长，日本成最热门出境消费目的地

携程和银联国际联合发布《新旅游、新消费、新中产：2019 年中国人出境旅游消费报告》显示，2019 年中国出境旅游消费依然是世界第一。当前，中国仍然是世界第一大消费国，出境消费额占世界旅游消费支出的 1/5。2019 年日本成为中国人出境消费额最多的国家之一。日本国家旅游局的数据显示，2019 年上半年，访日游客最大来源地为中国大陆，达到 453.25

万人次，人均消费在 12488 元左右。

（三）出国便利化助力出国游市场，长线游和深度游备受欢迎

出国游越来越便利。签证条件的放松使得出国游目的地增多，出国游市场不断火爆。截至 2019 年 5 月 2 日，146 个国家和地区已与中国缔结适用范围不等的互免签证协定。还有一些国家已对中国开通免签或落地签服务，例如卡特尔、白俄罗斯、智利、缅甸、博茨瓦纳、津巴布韦等国。另外，欧洲、南美洲等国也纷纷缩短签证审发时间或开通多次往返签证服务。

出国长线游和深度游越来越受欢迎。2019 年出国游欧洲市场备受青睐，美国、澳洲等长线游市场深受热捧，非洲和中东地区等冷门市场逐渐火热。《人民日报海外版》提供的数据显示，2019 年上半年赴欧洲人数达 300 万人次，同比增长 7.4%，其中东欧地区增速最快，超过 20%。另外，游客在国外旅游时间也相应延长，更加注重"深度游"。根据麦肯锡发布的 *Chinese tourists：dispelling the myths* 的调查研究发现，2018 年前往北美的中国游客中，有 21% 会停留 13 天以上。

（四）港澳游上半年热度不减，下半年遭遇"寒流"

2019 年我国出境游中港澳游持续火爆。港澳台旅游相关部门提供的数据显示，2019 年大陆游客赴港澳游玩人数继续保持增长趋势。2019 年 1～5 月大陆游客赴香港旅游人次为 2357.2 万人次，比上年同期增长 17.54%；大陆游客赴澳门旅游人数为 1221.4 万人次，比上年同期增长 22.72%。

2019年下半年受香港形势的影响，港澳游遭遇巨大冲击。中国产业信息网提供的数据显示，7月内地赴港游客数达416.07万人次，比去年同期下降5.5%，8月游客数跌落至278.29万人次，比去年同期下降42.3%。而内地赴澳门游客规模增速也出现放缓，7月游客数为256.99万人次，8月游客数为264.64万人次。

（五）大陆赴台游人数降幅波动明显，受政策影响较大

从台湾"移民署"和"交通部观光局"提供的大陆游客赴台人数数据来看，在经历2016年游客人数的骤降后，2018年大陆赴台湾游客数呈现小幅下降，为269.5万人次，比上年仅减少3.7万人次，下降幅度小于1%（见图3-2）。2019年上半年，大陆游客赴台人数较上年同年增长28%，共计167.7万人次。目前，大陆仍然是台湾境外游客最大的来源地之一。

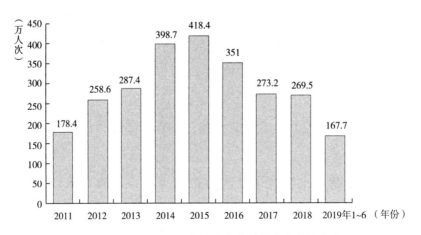

图3-2 2011～2019年上半年大陆游客赴台游人次

资料来源：台湾"移民署"和"交通部观光局"。

文化和旅游部发布"自2019年8月1日起暂停47个城

市大陆居民赴台个人游试点"的公告后，大陆赴台人数急剧下降。中国产业信息网的数据显示，2019 年下半年日均申请赴台自由行内地旅客大约为 7000 人，内地赴台客流有所下降。

三　出境旅游者画像与消费行为分析

（一）"Z 世代"成为出境游主力军，客源市场向二、三线城市下沉

目前，出境游游客年龄分布呈现中间高、两边低的整体特点，年轻一代是出境游的中坚力量，[②] 但 "00 后" 与 "60 后" 出境游人数增长最快[③]，游客整体文化水平较高。

从性别上看，与 2016 年相比，国庆假期出境游游客的男女性别比例由 30%∶70%变为 2019 年的 43.66%∶56.34%，男女比例趋于均衡（见图 3-3）。从出境游客源地市场来看，地区经济发展状况和国际航线密集性对于出境旅游者有较大影响，一线城市和强二线城市仍是当前出境游市场的消费主力军，但从出境游人数同比增长最多的城市来看，贵阳、南昌、昆明、遵义等城市出境游游客数量显著提升，消费潜力巨大。排名前三位的客源市场仍为广东、上海、北京，但逐渐呈现出向二、三线城市扩散的趋势。

[②] 《中国出境游用户分析图鉴专题报告（2019）》。

[③] UNWTO, Penetrating the Chinese Outbound Market.

图 3 - 3　2019 年国庆假期中国出境游游客性别比例
资料来源：银联商务大数据旅游消费监测中心，《2019 国庆假期旅游消费大数据报告》。

（二）中国出境旅游消费两极分化，移动支付覆盖更广

近年来，国内居民收入水平提高、消费能力增强，居民出境旅游支出不断增加，消费层次呈现出两极分化的态势。一方面，居民出境购物消费依旧火爆，但蜂拥而上抢空货架的不雅之举鲜有发生，消费日趋理性。数据显示，国庆节期间国人境外刷卡消费达 315.87 亿元，人均刷卡消费支出超 4350.4 元，其中购物刷卡支出占比较上年同期下降 10.3 个百分点。另一方面，居民出境旅游的消费层次不断提高，更加关注目的地的自然环境与人文环境，追求更加差异化、个性化的体验服务。*Chinese tourists：Dispelling the myths* 指出相比 2015 年，中国游客的出境游消费行为更加丰富（见图 3 - 4）。

与此同时，随着智能手机普及率的增长和移动支付业务在世界各地的普及，越来越多的旅游者使用移动设备支付与旅行相关的服务。据美国—亚洲旅游中心合作发表的报告显示，全球 60% 以上的移动支付用户是中国人，支付宝和微信支付在海

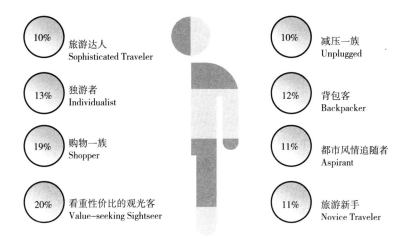

图 3 - 4　中国出境游游客消费行为类型

资料来源：麦肯锡发布的 *Chinese tourists：Dispelling the myths*。

外移动支付市场占据主导地位，其中，中国游客在葡萄牙、菲律宾和马尔代夫的支付宝交易笔数增长最快。

（三）中国出境旅游者出游方式多元化，小众旅游目的地受到青睐

随着中国旅游市场消费升级，小团化、私人化、定制化的高品质出境游产品不断涌现，传统的低质跟团游正在向包括文化游产品在内的新型跟团游转变。携程数据显示，2019 年上半年携程旅游的半自助游产品覆盖了平台上超过 2/3 的境外目的地，通过平台报名出境参加半自助产品的人数同比增长 60% 以上。此外，随着直飞航线的迅猛增长，目的地参团的出游形式也逐渐受到追捧。

国家外汇管理局的数据显示，在 2019 年上半年的旅游支出中，亚洲游客旅游支出占比为 54%，其次是美洲和欧洲，分别

占24％和13％。除日本、韩国、新加坡、澳大利亚、法国、意大利等传统目的地依旧火爆外，一些小众的"冷门"景点，如位于极地的加纳帕格斯、堪察加，位于海岛上的塞班、斯里兰卡、大溪地，位于"丝绸之路"沿线的格鲁吉亚、亚美尼亚、阿塞拜疆，开始受到游客的热捧。马蜂窝旅游网的数据显示，中国游客的足迹已经遍布全球超过60000个目的地，国人青睐的海外旅游目的地日趋分散。此外，冰下深潜、水下观鲨鱼、火山溶洞探险等小众体验项目成为一些年轻人出境旅游的新选择。

四 出境游目的地环境分析

（一）优质生态环境成为吸引游客的关键因素

随着我国人民生活水平的不断提高，越来越多的人希望能够逃离喧嚣的城市，亲近自然，放松身心。如今，世界上的一些国家和地区正凭借其得天独厚的生态环境吸引大批的中国游客。比如马来西亚境内有着茂盛的热带雨林、清澈的海洋和美丽的岛屿，中国一直以来都是马来西亚入境游客的第三大来源地。根据艾瑞咨询发布的《2019年中国在线出境游行业研究报告》显示，在2019年中国游客选择出境游目的地的原因当中，"风景气候宜人"名列榜首（见图3-5）。

出境海岛游日益火爆。根据2019国际海岛旅游大会发布的《世界海岛旅游发展报告》显示，全球旅游业近13年来持续增长，海岛游是其中重要的组成部分。中国出境游人次的

图3-5　中国游客选择出境旅游目的地的原因
资料来源：艾瑞咨询。

1/3来自出境海岛游。目前，全球范围内共有超过70个国际知名海岛旅游目的地。同程旅游发布的《2019中国居民"出境游"大数据报告》显示，东南亚海岛游是中国游客最喜欢的海岛游类型之一，热门地区主要有马尔代夫、巴厘岛、长滩岛、芽庄等。

（二）目的地致力营造好客的人文环境以提高游客满意度

根据麦肯锡发布的 *Chinese tourists：Dispelling the myths* 调查研究发现，中国出境游客更加关注的是旅游过程中的体验感，语言和文化壁垒也是影响中国游客目的地选择的重要因素。因此，如果旅游目的地国家能够为中国游客提供在生活习惯、消费偏好等方面的定制化服务，就可以很好地提升游客满意度，从而增加其在中国游客心中的受欢迎程度。

瑞士为中国游客提供生活习惯方面的定制化服务，如筷子和热水等，这些是中国人出门在外的必需品。另外，瑞士的酒店还了解到数字4对于中国人来说很不吉利，因此在安排房间的时候会刻意避开门牌号包含4的房间。斯里兰卡帮助中国游客克服语言障碍和网络技术难题。2019年该国上线了斯里兰卡签证中心（ETA）中文网站，这是首个针对中国护照持有人的中文服务平台，支持用中文在线申请签证。ETA中文网还根据中国人的支付习惯，额外提供了第三方支付方式。西班牙为中国游客提供支付方面的定制服务。马德里机场2019年开通了支付宝、微信支付方式，最大限度地方便中国游客。

（三）跨境交通优化促进旅游便利化

由于出境旅游一般来说路途较远，飞机通常是绝大多数出境游客会选择的交通方式。因此，航空业的发展状况与出境旅游发展密切相关。近年来，随着经济全球化进程的飞速发展，中国与世界各地的跨境交通网络也不断扩展。《人民日报海外版》提供的数据显示，2018年中国国内机场直飞国际和地区航线有1251条，新开国际和地区直飞航线255条，中国的航空公司国际定期航班已通航65个国家的165个城市。并且中国目前已和共建"一带一路"45个国家和地区开通了直飞航班，中国游客"走出去"更加便捷。

世界旅游联盟WTA发布的《中国出境旅游市场景气调查报告（2019/上）》显示，"国际航线变化"在5个影响出境游市场业绩的因素中排列第一位，指数为26（见表3-2）。更多国际航线的变化对我国出境游市场产生非常积极的影响。

表3-2　影响出境游市场业绩的因素指数情况

因素	指数
中国经济发展预期	-9
全球经济发展趋势	-9

因素	指数
国际局势	−18
当前签证政策	18
国际航线变化	26

资料来源：World Tourism Alliance（WTA）。

（四）紧张的政治关系导致旅游"寒流"

旅游目的地国家与中国的政治、经济发展状况以及一些突发性事件都会影响到游客对于旅游目的地的选择。在出境旅游目的地的选择过程中，具有潜在旅游动机者会充分考虑备选目的地国家的综合情况，如果该国与中国正发生政治事件或突发性事件，游客往往会出于爱国主义情怀和安全因素而放弃该目的地。一些突发性事件主要包括自然灾害、流行性疾病等。

持续已久的中美贸易摩擦对中国人赴美旅行造成了巨大的冲击。美国国家旅游办公室（NTTO）公布的数据显示，2018年赴美旅游的旅客总量跌破300万人次，年度增长幅度为−6%。

五　中国出境游问题与挑战

（一）人民币贬值导致出境旅游成本持续走高

人民币汇率多年走高成为境外游快速发展的主要推动力量，2019年人民币贬值使得汇率优势大幅缩水。截至2018年，对人民币汇率升值涨幅排名前三位的货币包括菲律宾比索（12.5%）、斯里兰卡卢比（11.4%）和港元（9.6%），同时这三个国家和地区也是出境游的主要目的地，可见人民币汇率升值对于拉动出境游产业发展来说意义深远。2019 年下半年以来，在岸人民币兑美元汇率跌破 7 关口，最高报 7.0424，最新为 7.0348（截至 2019 年 12 月 8 日）。人民币如果未来持续贬值，将直接导致旅游成本的上升，在一定程度上会削弱"低价型"旅游产品的竞争力。人民币"破七"不仅引起了金融界的风暴，也终将映射到包括出入境旅游在内的国际贸易领域中来。

（二）出境游客或将面临签证"高门槛"

同汇率一样，近些年来更多国家对华签证政策的便利化，促进了出境游市场份额的扩大。自 2015 年开始，土耳其对中国游客开始实施电子签证。土耳其文化旅游部近日发布统计数据显示，2018 年中国赴土耳其游客人数达到 40 万，较上年增长 70%；2019 年 1~5 月到访上耳其的中国游客为 16.79 万人次，同比增长 5.63%。自中美贸易摩擦以来，签证问题就成为出境旅游的一个不稳定性因素。据《世界日报》报道，2019 年上半年美国 H-1B 签证拒签率达 33%，同时日本、菲律宾等国家也开始陆续调整并收紧其签证政策。此外还有部分国家入境手续繁杂，入境检查过于严格，造成了游客的不便，限制了游客的数量。

（三）出境游客区域分布不平衡

出境游客多集中于北京、上海、广州等一线城市及部分省会城市，但大城市旅游市场已趋近饱和，要想促进出境游市场进一步发展，必须激发中、小城市消费活力。中国东部、中部、西部三大出境游客源地出游力的比例长期呈 7：2：1 的阶梯状格局，中部、西部地区由于人口密集度、收入水平与消费习惯方面居于落后地位。据《中国在线旅游行业发展报告》显示，2019 年上半年我国出境旅游人数同比增长 14%，国际航线旅客运输量同比增长 16.5%，其中华中地区向境外输出游客数量占比由 20% 提升至 25%，增幅平稳。同时，西部地区由于"一带一路"倡议政策利好，出境游消费能力也在进一步提升。根据同程艺龙 2019 年第二季度财报显示，2019 年上半年，其在中国非一线城市的注册用户数占总注册用户数的比例约为 85.5%；2019 年第二季度，约有 61.5% 的同程艺龙新付费微信用户来自三线及三线以下城市。因此，旅游企业应将目光更多集中于中部、西部地区的中小城市居民，推出更多符合其消费能力的旅游产品，激发出境游市场新动力。

（四）旅游市场规则差异导致问题频发

国内外旅游市场规则差异，易引发国际旅游市场秩序混乱，威胁游客的人身安全和财产安全。2019 年三名中国游客在泰国清迈被移民局逮捕，据了解被逮捕的三人包括一对新婚夫妻和一名跟拍摄影师，三人均持有中国护照和泰国旅游签证，但摄影师在清迈为新婚夫妻拍摄婚纱照时，并未取得泰国的工作资格，"旅拍"是触犯当地法律的行为。此外，某些不合理的收费现象也由于国别法规差异而存在。意大利等国家的店铺利用"试穿收费"规则，对国外旅客进行不合理的收费行为无法得到有效监管，导致游客体验舒适感降低。由此可见，国家间的法规差异将影响游客的行程与安全，也将影响中国游客境外旅游的积极性，旅游企业与监管部门应尽到提示的责任。

（五）跨境电商企业令购物游进入寒冬

海关总署发布《关于跨境电子商务企业海关注册登记管理有关事宜的公告》，并于 2019 年 1 月 1 日起施行，要求跨境电子商务支付企业、物流企业应当按照规定取得相关资质证书，并按照主管部门相关规定在办理海关注册登记手续时提交相关资质证书。同时，国家收紧海关清关程序，加大了对违规个人商业代购的打击力度，进口产品市场秩序得到有效加强。此外，《中华人民共和国电子商务法》（以下简称《电子商务法》）颁布后国际在线零售行业更加规范、便捷，进口产品质量监管也更加严格。个人代购途径受阻以及跨境电商的规范化，将使得消费者更多地选择通过在线贸易完成购物需求。国新办发布会表示，2019 年我国跨境电商零售进出口额达到了 1862.1 亿元，年均增速为 49.5%。据艾媒咨询发布的《2019－2020 年中国跨境电商市场年度盘点监测报告》显示，2019 年中国海淘用户规模达 1.54 亿人，跨境电商行业进入快速发展的新阶段，购物游发展空间进一步压缩。

六 中国出境旅游行业未来发展趋势分析

（一）中国出境游市场预测

1. 全球国际旅游市场发展总体向好

2019 年末至 2020 年初以来，受新冠肺炎疫情影响，国际旅游业发展受阻。但从长期来看，国际旅游业会在疫情结束后渐渐回暖，恢复到疫情前水平，并继续保持向好趋势。《世界旅游经济趋势报告（2020）》显示，2019 年全球旅游总收入（包括国内旅游收入和入境旅游收入）为 5.8 万亿美元，占全球 GDP 的 6.7％。虽然 OECD 数据显示，2019 年全球 GDP 增长率降至2.9％，但近年来全球旅游总收入占全球 GDP 的比重一直维持在7％上下浮动，增长率也一直高于全球 GDP。这意味着国际旅游市场仍将保持稳健的发展趋势，市场结构将不断优化，市场秩序将更有利于各国旅游出口的增长。世界旅游城市联合会（WTCF）与中国社会科学院旅游研究中心在京共同发布的《世界旅游经济趋势报告（2020）》指出，2019 年全球旅游总人次（包括国内旅游人次和入境旅游人次）为 123.10 亿人次，较上年增长 4.6％。全球旅游总人次增幅平稳，消费需求逐年扩大。

2. 国内出境游市场潜力巨大

国家统计局数据显示，2019 年上半年全国居民人均可支配收入为 15294 元，比上年同期实际增长 6.5％，2019 全年我国宏观经济和居民收入将大概率保持中高速增长。此外，在新一轮个税改革和中央一系列促进与激发居民消费潜力的政策促进下，旅游消费活力将在未来进一步蓄积和释放。据 WTA 报告，2019年下半年中国出境游市场的平均景气指数为 12，较上半年相比上涨 5 个指数点，显示出旅游从业者对 2019 年下半年中国出境旅游市场的发展更为积极正向的心态，因此他们也将为游客提供更优质的服务。在居民收入增长和旅游服务升级的双重因素影响下，消费者的出境旅游意愿和能力将逐渐匹配并且提升。

国内出境游人数仅为 1.4 亿人次，而且护照持有率不足人口的 1/10，此外人均旅游次数远低于国际水平。因此，未来我国出境游市场运行预期潜力巨大，出境旅游经济总体有较大的发展空间。

（二）旅游者偏好向"远距离""高质量"转移

1. 旅游目的地向远距离目的地转移

近距离周边国家出境游市场已趋近饱和，消费者开始不断寻求更新奇、更远途的目的地。自 1983 年起发展至今，我国出境游在近 40 年间逐步走向常态化，目的地结构日趋稳定。根据国家外汇管理局发布的中国国际收支报告，2019 年上半年我国居民旅行支出一半以上发生在亚洲地区，美洲地区占比为 24%，欧洲地区占比为 13%，大洋洲及太平洋岛屿占比为 9%，而非洲占比不足 1%。但综合全世界数据来看，2019 年游客量增长最快的目的地包括厄瓜多尔、伊朗、埃及、乌干达、斯洛文尼亚等非亚洲地区，可见远距离目的地仍有较大发展潜力。由此可以预测，未来五年出境游目的地将会逐渐向远距离地区转移。

2. "高质量" 和 "定制化" 的旅游产品将成为发展热点

目的地距离的扩大会加大地域之间的差异性，越来越多的游客选择半包价型旅游产品。随着出境游市场的高速增长，游客将不再满足于传统的景点观光，游客需求更加多元化且深度化，更加关注旅游品质和个性化。马蜂窝数据显示，2019 年 7 月大促期间出境跟团游订单量上涨 122%。出境游不仅跨越国境，还要涉及不同的文化、制度等因素，使得消费者个人无法消化各种不同所带来的挑战，"自由行"可行性难度加大，从而大多数游客会寻求旅行社的咨询及订购服务。但是传统包价产品较为粗放，没有充分考虑到消费升级后的旅游者的个人偏好，定制化与针对性不强。暑假期间马蜂窝境外定制游同比上涨153%，说明出境旅游者已经慢慢开始追求境外旅游的个性化，比起低成本也更加注重高质量。综合出境游客对于"差异化"的应对方式以及对"高质量""定制化"的偏好，产品个性化、服务私人化的半包价型旅游产品将会成为出境游的热点所在。

（三）"一带一路"倡议政策利好，出境旅游业务经营权逐步开放

1. "一带一路"　沿线旅游成为热点

共建"一带一路"国家的治安环境、基础设施建设以及签证便利化得到极大发展，直接促使其旅游业突飞猛进。世界旅游组织公布的数据显示，乌兹别克斯坦外交部长阿卜都拉齐兹·卡米洛夫表示，2019年乌兹别克斯坦共接待游客623万人，增长率达27.1%；阿塞拜疆巴库的游客增长率在中亚各国中的排名跃居前十位。同时，共建"一带一路"国家也积极响应我国"互利共赢"的原则，进一步开放旅游市场，出台一系列便利化措施，例如乌兹别克斯坦将于2020年开始对我国实行全面免签政策，这将为我国出境游市场注入一支强心剂。因此，我国企业在相关国家进行旅游境外投资也成为热点，但一哄而上带来的是投资泡沫与资源浪费，在投资环境不断高热化以及市场秩序逐渐恶化的前提下，国家将不期出台有关规范境外投资市场秩序的政策与条例，如免签。

2. 在京外商独资旅行社试点经营出境旅游业务

国家进一步开放出境游市场，将从供给侧推进旅游市场优化与旅游产业升级。2019年2月，中国政府网发布《全面推进北京市服务业扩大开放综合试点工作方案》，其中明确允许在京设立的外商独资经营旅行社试点经营中国公民出境旅游业务（赴台湾地区除外）。此项举措，旨在推进服务业更高水平地对外开放，营造国际一流营商环境。此外，外商独资企业的进一步参与国内市场，会带来更为丰富的出境游产品与更优质的服务，有助于旅游服务业的消费升级。但同时，外商参与国内出境游市场的政策放宽，也意味着内资旅行社要面临更激烈的竞争。对此，内资旅行社要注意发展更优质的服务，开发更多样的产品，也要优化企业运营模式，以面对日趋激烈的市场竞争。

（四）旅游企业走向垂直一体化与投资理性化

1. 在线旅行社要从中间商走向垂直一体化

随着互联网的不断深化普及，在线旅行社已成为出境旅游市场的重要组成部分，但其运营模式亟待变革。根据易观发布的《中国在线旅游市场年度综合分析2020》，2019年中国在线旅游市场线上全年交易规模达到10866.5亿元，线上渗透率预计达到16.7%，同比增长11.4个百分点。线上旅游的市场渗透率将不断提高，在线旅游市场发展空间也会不断扩大。

在不断白热化的在线旅游市场竞争环境下，在线旅游企业也暴露出更多运营模式方面的弊端。此前在线旅游企业主要的销售产品包括旅游景点、交通、住宿、其他服务等，企业主要作为线上中间商来赚取差价。但随着旅游市场信息的不断透明化，在线旅游企业仅作为中间商的获利空间将不断缩小。出境旅游市场的线上与线下产业链融合程度尤其较低，在线旅游企业的在线业务仍以代理为主，企业与线下机场、酒店、景点等行业进行垂直一体化的整合优化将成为企业突破发展瓶颈的重要方式。

2. 出境旅游促进境外旅游投资

出境游市场持续发展，旅游开发商境外投资逐渐走向规模化。《世界旅游经济趋势报告（2020）》的数据显示，2019 年全球旅游投资规模突破万亿美元，亚太地区城市的年旅游投资规模最大，中国和美国是旅游投资的最大热点地区。但从国内来看，旅游企业进行海外投资的仍以酒店行业为主，采取并购等方式，缺乏长期可持续发展性。

旅游企业对外投资增长过快，要警惕虚假繁荣。国内旅游投资空间不断减少，同时国内企业的房地产投资剩余不断增多，境外投资走向规模化将成为必然趋势。然而，境外投资泡沫化和后续运营不良等问题也相继出现。旅游企业在境外投资的过程中，需要向秩序化、理性化、科学化、人文化等方向发展，合理统筹国内投资与国际运营之间的产业链，从旅游产业供给侧着手优化投资结构。企业在选择境外投资项目时，必要时需组织业内专家团队，预判项目可行性，预估投资回报率，注重实地考察，打造可持续的境外旅游发展项目。

下篇　旅游市场监管报告

第四章　旅游市场监管总报告

　　监管，即监督管理，英文"regulation"，美国管制经济学家丹尼尔·F·史普博（Daniel F Spulber）认为："监管是一种一般的规则或者特殊行为，其由行政机构制定并执行，并且这种规则或者行为会通过直接的方式干预市场机制或通过间接的方式改变企业和消费者供需决策"。监管是政府规范现代经济活动的一项重要职能和制度设计，一方面，政府监管可以有效推动市场化不断深入、避免失灵、恶性竞争等市场现象的发生；另一方面，可以在市场经济条件下加强政府监管，发挥政府监管职能，有利于政府职能转变，促进现代监管型政府的建立。

　　旅游市场监管主要指市场监管主体（文旅、工商、公安、消防、食品等行政主管部门）在市场失灵时对市场监管客体（生产者、经营者、旅游者等）及其行为进行的一系列诸如约束、限制、处罚等干预措施的总和。根据监管体系及内容，旅游市场监管可分为三个层次：一是完善监管法律法规；二是事前预防性监管（如市场准入）；三是事中协调性监管和事后处罚性监管（如规范市场行为等）。

一 2019 年中国旅游市场监管现状

2013 年 10 月 1 日，我国旅游业的基本法《中华人民共和国旅游法》（以下简称《旅游法》）正式实施，其目的是"保障旅游消费者和旅游经营者的合法权益，规范旅游市场秩序，保护和合理利用旅游资源，促进旅游市场持续健康发展"。《旅游法》第七章专章设立旅游监督管理，具体规定了旅游市场综合管理机制、旅游主管部门及工作人员旅行监管职责的禁止性行为、旅游主管部门执法权、监督检查行为的约束性规定、监督检查信息及行业组织自律等内容，为我国旅游市场监督管理提供了法律依据。

目前，我国旅游市场监管属于垂直管理体系，由 28 个部门组成的国务院旅游工作部际联席会议制度统筹监管全国旅游工作，下属监管体系分为四级：国家、省、市、县（区）。作为国务院的组成部门，文化和旅游部居于我国旅游市场监管部门中最高级别，在国务院领导下统筹协调全国旅游市场监管事宜（如制定旅游业发展规划、监管下级部门工作、统筹协调旅游业相关资金等）。省级文化和旅游厅（局）是本省旅游业的最高决策机构，负责本省旅游市场整体监管事宜。市（区）县级别，由于旅游资源和基础设施的巨大差异，以及旅游市场繁荣程度的不同，各市（区）县可自行设立旅游管理机构，制定旅游法规、条例。

（一）旅游市场监管整体依法趋严

总体来看，2019 年，我国旅游市场监管在依法趋严，力度亦在增大。截至 2019 年 11 月 18 日，根据《旅行社条例》和《中国公民出国旅游管理办法》，文化和旅游部已发布 2019 年第十批关于取消旅行社经营出境旅游业务、注销旅行社业务的公告。同时，2019 年 11 月 27 日，根据《文化和旅游部关于印发〈旅游市场黑名单管理办法（试行）〉的通知》（文旅市场发〔2018〕119 号），文化和旅游部又发布了全国旅游市场黑名单的公告，将相关人员列入全国旅游市场黑名单。

（二）在线平台市场监管出新规，但仍面临挑战

近年来，我国的在线旅游市场发展迅速，在线旅游企业和平台的数量不断增多，便利了出游的同时亦促进了旅游消费。但个别企业和平台不时发生违反相关法律法规规定的情况，在侵害旅游者合法权益的同时亦扰乱了旅游市场秩序，其中个别性质恶劣的案件更引起了社会的广泛关注，引起了广大人民群众的强烈反响，纷纷要求加强市场监管、规范市场秩序。

在线旅游企业和平台不仅是线下旅游行业的服务提供商，也是在线电子商务平台的经营者，具有双重身份。目前，国内有关法律法规尚未明确在线旅游市场规范，这给行业监管带来更大的困难。从各地文化和旅游行政部门收到的举报和投诉，以及媒体相关报道所反映出来的问题来看，上述企业和平台涉及的一系列问题主要集中于"旅游安全保障和救助义务、消费者权益保障、虚假宣传"等方面，亟须通过健全法律法规来加以规范。

《网络安全法》《电子商务法》已经正式颁布实施，相关规定的出台对在线旅游经营服务进行规范管理。2019 年 10 月 8

日，文化和旅游部发布了《在线旅游服务管理暂行规定（征求意见稿）》，有利于更好地保障旅游者合法权益，规范在线旅游市场秩序。

二 中国旅游市场监管存在的问题及原因分析

2017年召开的党的十九大基于对我国经济发展现状的准确判断，提出建设现代化经济体系的重要目标：我国经济已由高速增长阶段转向高质量发展阶段，正处在转变发展方式、优化经济结构、转换增长动力的攻关期，建设现代化经济体系是跨越关口的迫切要求和我国发展的战略目标。……加快完善社会主义市场经济体制。……深化商事制度改革，打破行政性垄断，防止市场垄断，加快要素价格市场化改革，放宽服务业准入限制，完善市场监管体制。上述论述为新时代加强和改善旅游市场监管工作指明了方向，亦表明加强和改善旅游市场监管对于建设现代化经济体系的重要性。我国旅游市场要抓住机遇，积极转变监管理念，创新监管方式，正视当前旅游市场监管中存在的问题，走出一条适应新时代、新市场的新路径。以下拟从监管主体、监管体制、监管范围、监管手段、监管权力的运行过程等方面进行阐述。

（一）旅游市场监管主体

1. 忽视监管，理念陈旧

目前，全国各地，特别是一些主要旅游省份出台了一系列鼓励和引导政策，以吸引旅游投资和建设旅游项目，促使旅游硬件设施蓬勃发展。但它们缺乏对旅游发展过程进行软环境建设与监管，如对于提高导游素质、增强服务意识、加强旅行社资质审查等则缺乏足够的重视，既无量化标准，又无有效措施加以引导和调整，导致旅游软硬件的不平衡发展。同时，重视市场准入等事前监管，轻视事中事后监管，监管理念陈旧在一定程度上阻碍了旅游业的发展。

2. 执法人员数量少，从业素质参差不齐

目前，我国的旅游执法队伍主要是旅游质监、执法大队、旅游警察、旅游工商等部门，全国质监规模及执法人员数量与全国的旅游出游人次难以匹配，旅游执法压力与任务艰巨。旅游监管任务的艰巨性要求执法人员一方面要有过硬的旅游业务素质，了解旅游市场的运行规律和监管薄弱环节，对新业态的违法经营问题要有敏感性，要学习相应的知识和技术去应对新问题；另一方面要有全面认识、分析和把握旅游市场问题的能力，同时监管人员还需要具备较高的法律素质，能够准确解读各项管理制度的精神和内涵，尤其是能够准确地适用法律，这是旅游法治应有的局面。但是目前我国在旅游执法队伍业务素质和把握问题能力方面存在较大欠缺，尤其是部分执法人员缺乏法律专业素养，这在一定程度上制约了旅游监管的执法效果。

（二）旅游市场监管体制

旅游市场监管涉及文旅、公安、市场监管、城管、物价、商务、卫健等政府职能部门，多部门联动管理在促进市场监管完善的同时，也暴露出旅游监管体制碎片化的弊端，导致"一事多管"、"多事无人管"、"有利就管，无利不管"、应对机制缺乏灵敏性等情形的出现，使得旅游市场监管体系混乱，监管问题长期积累和监管漏洞不断扩大，严重影响旅游市场监管的有效性和执法权威。

（三）旅游市场监管范围

1. 按空间分类的监管

（1）经济性监管

经济性监管主要指有关行政部门采取颁发许可证或营业执照等方式，对旅游企业的市场准入与退出进行监管，侧重于产品的质量、数量、价格等方面。目前的经济性监管对旅游市场的准入条件以及退出机制的审核未真正落到实处，使得一些资质不够并且缺乏诚信的旅游企业进入旅游市场。另外，我们在产品的公平性以及资源配置效率等层面仍存在诸多问题。这些经济性监管范畴内的旅游乱象严重影响了旅游市场秩序和旅游企业间公平竞争环境，损害了消费者的合法权益。

（2）社会性监管

社会性监管主要针对旅游市场外部不经济和内部不经济，具体而言，涉及公共利益或公共事业的部分应由政府监管，如旅行社提供的导游服务质量，合同约定的旅游景点、交通路线，公共基础设施建设和旅游资源保护等。目前，我国对上述旅游"软实力"监管（特别是对于旅游服务质量的监管）严重不足，再加上一些主管部门缺乏具体有效的监管手段，使得社会性监管难以适应市场诉求。

2. 按时间分类的监管

由于市场主体准入条件明确、监管环节确定，监管部门比较重视审批许可监管工作，即事前监管，主要包括制定法律法规、市场准入制度、制定市场主体行为标准等。事中协调则指针对具体的侵犯消费者合法权益行为进行的具体监管，考虑涉及环节较多、取证较为困难，容易引起纷争，监管部门则能推则推，出现执法倦怠的情况。事后控制亦称"处罚性"监管，具体方法包括对违法行为的调查和处罚、法律制裁、市场退出等。这种以事后监督为主的监督方式，具有很大的局限性，不能全面反映旅游市场执法监督的内容，因此也就不能全方位规范旅游市场经营行为和预防旅游市场违法行为。

总体而言，就目前我国的情况来看，大多属于事中和事后监管，有违法行为才采取措施，对于事前监管较少，重惩罚轻预防，未充分利用旅游行业协会、媒体监督和旅游网络经营平台，也未重视在线投诉、微信平台和移动执法应用程序等。

（四）旅游市场监管手段

行政立法、行政指导、行政决策、行政许可、行政处罚、行政裁决等是我国传统的行政监管方式，但是鉴于应用频率，本报告仅分析旅游市场监管中常用的行政立法、行政许可和行政处罚。

1. 行政立法

处于源头关卡地位的行政立法属于事前预防性监管。监管部门通过制定相关法律法规，以立法的形式规范旅游市场主体，包括旅行社的设立及经营行为等，并作为其对市场监管的依据。

当前，我国行政立法仍然存在一些问题，一是颁布的法律法规严重滞后。《旅游法》已经正式颁布实施6年多了，但大多条款仍属宏观规定，较为粗糙，具体行为的判别依据较模糊，存在歧义，使得《旅游法》的实施陷入某种混乱。二是缺乏成本收益分析。这是由我国旅游市场的发展演变所决定的，属于计划经济遗留问题，严重制约了我国旅游市场的立法进程。三是立法缺乏公众参与。经修订并于 2018 年 5 月 1 日起施行的《规章制定程序条例》第 14～15 条中明确规定：民主决策必须要有公众参与。但在旅游业实际立法中，公众的声音依然微弱，被立法者采纳的意见更是少之又少。

2. 行政许可

鉴于我国在旅游市场中的行政许可主要表现旅行社的市场准入制度和导游证的取得两方面，故本报告详述之。

（1）旅行社市场准入制度

旅行社行业相对于其他行业固定资本较少，但是一旦发生风险造成的损失较大，旅游者在人身安全方面对旅行社的依赖程度更高。自 1985 年以来，我国先后颁布《旅行社管理暂行条例》《旅行社管理条例》《旅行社条例》，都规定了旅行社业务的经营许可制度。2013 年《旅游法》第二十八条对这项旅游业实施多年的制度进行了法律确认。但是，我国旅行社市场准入条件主要包括注册资本金、经营范围、质量保证金等。目前，我国对旅行社的设立只采取了注册资金和质量保证金制度，保证形式不足；且我国通常会忽略旅行社的软实力，如服务质量、讲解专业程度、旅游线路规划合理程度等。

（2）导游证的取得

在现阶段，我国的导游资格认定仍按 1999 年 10 月 1 日正式实施的《导游人员管理条例》的有关规定，取得导游证需要通过文化和旅游部组织的统一考试。但是，当前的导游资格考试形式单一、专业程度较差、门槛较低，仅考察导游人员的专业知识，缺乏综合素质的整体考察。

3. 行政处罚

行政处罚是指行政机关依法定职权和程序对违反行政法规尚未构成犯罪的相对人给予行政制裁的具体行政行为。《旅游行政处罚办法》规定了旅游行政处罚的实施主体与管辖、旅游行政处罚的适用、旅游行政处罚的一般程序、旅游行政处罚的简易程序、旅游行政处罚的执行、旅游行政处罚的结案和归档、旅游行政处罚的监督等内容，为行政处罚提供了法律依据及操作准则。

（五）旅游市场监管权运行

旅游市场监管覆盖面广、监管部门众多，涉及文旅、公安、市场监管、城管、物价、商务、卫健等政府职能部门。但目前许多旅游市场监管部门尚未厘清各自的监管职责与权限，加之在当前简政放权的背景下，本应集中在上级监管部门的权力分散到不同的下级部门中。权力的盲目下放导致某些不该下放的权力转移给下级机构，有些不相关的权力则保留在上级机构，这种简单粗暴的方式使权力相互交叉，亦使得旅游市场监管缺乏统筹安排，产业自由竞争规模小，差距逐步拉大，整个市场失衡。最终不仅影响了政府信誉，还损害了经营主体的合法权益，造成了不平等。

三　旅游市场监管的国外经验及启示

（一）国外旅游市场监管实践

鉴于美国、澳大利亚在旅游市场监管方面的典型性，下面我们将详细分析它们在旅游市场监管方面较为成功的举措，以资我国旅游市场监管借鉴。

1. 美国

（1）立法层面

作为一个旅游大国、强国，美国多年来一直在旅游收入方面稳居世界第一位。除了得益于丰富的旅游资源，这与美国完善的旅游立法亦是分不开的。早在 1979 年 5 月 8 日，美国即颁布了《全美旅游政策法》，该法可以称为美国旅游基本法，而该法提出的旅游政策总原则包括："关于旅游业作用的规定；对于设立全国旅游政策委员会的政策规定；关于旅游资源的规定；关于旅行游览发展公司的政策规定；关于旅游者的政策规定"。在此基础上，联邦和州政府还颁布其他全面的配套单行法，涵盖了旅馆业、旅游资源保护、交通业、运输业等。

（2）旅游管理体制层面

美国的旅游管理体制比较复杂，大致分为政府组织与非政府组织，同时分为国家、州及地方政府等不同层次。美国旅游产业局下设旅游行业助力秘书办公室、旅游开发部和旅游政策协调部，三个部门从不同角度发挥着旅游市场监管职责。除此之外，许多联邦政府机构也在旅游业中发挥着积极作用，如海关负责监测国际旅行，国家公园管理局和林业局负责提供风景区和旅游设施。非政府组织，如美国旅游行业协会、会议与游客管理局等组织也在旅游市场发展中发挥着重要作用。

2. 澳大利亚

囿于资料获取，本报告仅分析了澳大利亚旅行代理商（相当于我国的旅行社）的监管制度。澳大利亚并未统一对旅行代理商的监管进行立法，但总体上各州之间差异不大。下面主要从市场准入、市场运行两方面对其市场监管制度进行分析。

（1）市场准入监管制度

从澳大利亚监管法律中可以看出，各州都有专门负责签发与管理营业执照的政府机构，亦具有审查市场经营主体资格的职能，同时还肩负着制定旅行代理商市场准入的监管标准。

（2）市场运行监管制度

澳大利亚旅行代理商的市场运行监管法律一般从监管主体、监管范围、监管手段、监管程序、处罚措施等方面来规定。营业执照管理机关和警察机关是澳大利亚的主要监管机构；监管范围从营业名称、地址、相关负责人、经营情况、宣传手段、负债情况、债务偿还情况等方面实行一站式监管；对于监管手段，相关部门有权要求旅行代理商提供相关文件信息，必要时可以采取查封、封存、强制进入、行政处罚及公布相关信息等手段；实施监管时，有关部门应严格遵守监管程序，采取强制措施时，应由多人监管并出示证件表明身份；监管机关实施行政处罚时，应将具体的处罚理由告知被处罚者并说明救济渠道，旅行代理商可以自由选择救济与否。④

综上，拥有完备的旅游市场监管体制的国家具有如下特点：一是法制完善，基本法与相关配套法相辅相成，共同作用；二是探索出一套适合本国国情的监管制度，且监管手段多元；三是重视监管，设置了强有力的监管机构；四是制定了较为严格的行业标准以及行业自律标准。

---

④　王文杰：《我国旅行社市场监管研究》，《上海师范大学》2011 年。

（二）国外旅游市场监管对我国的启示

1. 建立完善旅游市场监管中的沟通机制

我国应借鉴上述国家的经验，制定相应的监管沟通机制。首先，应将监管机构和旅游经营者联系起来，以便二者能够充分交流。同时，监管机构要充分发挥行政指导作用，制定科学合理的监管标准，细化沟通的程序、原则与技巧等，严格保密旅游经营者的商业信息，尊重和保护他们的合法权益。其次，监管机构之间亦应建立沟通渠道，强化协同监管机制，实现信息共享。

2. 充分发挥行业自律作用

在西方国家，行业协会与政府是两个完全独立的组织。鉴于行业协会的权力源于行业成员赋予，故其职责即保护会员的利益，政府不应干涉行业协会的日常运作。"在市场经济中，行业组织发挥着代表和维护行业利益、规范行业秩序、沟通行业内外、支持行业发展的重要作用"⑤。鉴于此，一方面，中央政府应放宽行业协会的设立标准，仅提供资金支持，但对人员的任用可由协会自行决定；另一方面，政府须充分信任行业协会，允许其自由发展。

四 中国旅游市场发展趋势预测及重点监管任务

（一）中国旅游市场发展趋势预测

1. 业态层面：以共享经济——在线短租为主的旅游业态产品转型

---

⑤ 蔡家成：《我国导游管理体制研究之七：导游协会》，《中国旅游报》2010 年。

升级加快

　　促进旅游业态产品转型升级是顺应中国旅游业发展趋势的具体体现。作为一个具有高度关联的综合性产业，旅游业具有软硬兼备、融合度高、覆盖面广、驱动力强的特点，可以通过产业融合开发新业态。尤其当前，旅游业已从观光旅游向休闲旅游的新阶段转变，融合发展正在成为新趋势。因此，要实现旅游业的持续健康发展，就必须不断延伸链条、拓展空间，抓好共享经济——在线短租，走"旅游 +"的开放融合发展之路。

　　通常来说，共享经济是指一种新的经济模式，其主要目的是基于陌生人和使用权的暂时转移而获得一定的报酬，实质是整合线下的闲散资源，如物品、劳动力、教育、医疗资源等。

　　作为一种共享经济模式，短租在中国强劲的发展势头有目共睹。而随着经济水平的提高和消费观念的升级，人们的商务差旅频率和出游意愿得到很大程度的提升，与此同时，也产生了巨大的出行居住需求，而传统酒店已无法满足消费者的多元化需求，这给中国在线短租行业的发展奠定了基础。相关数据显示，2016 年中国在线短租市场交易规模达到 87.8 亿元，是上年的两倍以上。2017 年达到 120 亿元，2018 年增长了 37.5%，达到 165 亿元，预计 2019 年有望达到 221 亿元，其用户规模有望突破 2 亿人。此外，政策的扶持和资本的加持大力推动了中国在线短租行业的发展。2015 年 11 月 22 日，国务院办公厅发布《关于加快发展生活性服务业促进消费结构升级的指导意见》（国办发〔2015〕85 号），提出了积极发展包括客栈民宿、短租公寓、长租公寓在内的细分业态，以满足广大人民群众的消费需求。这被认为是从国家层面对短租的"正名"。2018 年 10

月，国务院办公厅发布《完善促进消费体制机制实施方案（2018～2020年）》，其中亦提出鼓励发展租赁式公寓、民宿客栈等旅游短租服务。

但是由于行业发展速度过快，行业相关法律制度不完善，在线短租市场乱象频生。自诞生时起，安全、隐私、监管等问题就与短租的成长相伴。

2018年11月，由国家信息中心分享经济研究中心牵头组织的共享住宿领域首个行业自律标准——《共享住宿服务规范》在京发布，旨在提升共享住宿服务的标准化和品质化，同时也标志着对处于灰色地带的民宿业有了明确的规范指导。"没有规矩，不成方圆"，鉴于在线短租行业的特殊性，需要有关机构因地制宜，结合当地情况做出符合行业发展的可落地执行的监管细则。

2. 技术层面：大数据技术使用范围更加宽广、应用更加多样，成为一种重要的极富开采价值的战略资源

随着各种信息技术的不断进步，数据从简单的对象逐渐变成了基础性资源，成为一种重要的极富开采价值的战略资源。旅游行业有行业广、规模大、移动性强的特点，因此更加依赖大数据。

大数据和"互联网＋旅游"给传统的监管模式带来了新的挑战，"旅游智治"已成为时代所趋。美国通过联邦贸易委员会的官网建立了一个"顾客岗哨"数据库，收集和处理消费者的投诉信息，数据可被2000多家民事和刑事法律执行机构读取，以进行必要的法律处理。近年来，尽管我国的旅游市场监管机制取得了长足的进步和创新，但其仍更多的集中于事

中、事后监管处理，预测预警预防能力匮乏，这成为制约旅游市场有效治理的瓶颈问题。《"十三五"旅游业发展规划》《"十三五"全国旅游信息化规划》提出，要建设大数据平台，推动旅游业发展与监管并进，从而实现长远发展。大数据时代的旅游市场监管须善于将大数据、云计算、区块链、人工智能等新技术融入监管全过程，推动监管机制创新，精准预测和打击乱象，使"最大变量"这一新技术成为促进旅游市场监管现代化的"最大增量"。最终通过实现技术融合、业务融合、数据融合，重点增强旅游市场乱象预测预警功能，从源头遏制乱象发生。

3. 产业层面：无文不远，文旅产业融合提速

2018 年 3 月，根据国务院机构改革方案，文化部和国家旅游局进行职责整合，组建文化和旅游部作为国务院的组成部门。文化和旅游部的组建，将文化工作与旅游工作更紧密地融合，体现了政府近年来对文化和旅游市场的重视，表明"文化＋旅游"将成为推动国内经济发展的重要力量，有助于文化旅游产业整体升级，引领旅游经济发展进入良性循环。

统一、有序、高效、充满活力的市场是文旅融合发展的重要基础。故有必要抓住文化市场综合执法改革的契机，及时关注和引导新业态，更新监管理念。建设信用体系，实施各类专项整治和专项保障活动，开展重大案件评选、举报投诉受理、证件管理等工作，最终促进文化和旅游市场监管工作一体化。

（二）中国旅游市场重点监管任务与措施

目前，我国旅游市场对监管方面的研究还不是很充分，对

于建立适合我国的旅游市场监管制度还处在探索阶段，特别是在立法方面，还比较稚嫩与粗糙，这在很大程度上阻碍了我国旅游市场监管的完善和旅游业的发展。鉴于此，我们必须以深化机构改革和职能转变为契机，牢固树立文化旅游融合发展理念，坚持以市场监管为第一职责、服务发展为第一要务、消费维权为重要使命，创新机制，改进管理，以新的发展理念、服务理念、监管理念和新的措施应对新的挑战，打破文化和旅游行业边界，统筹文化旅游市场监管。

1. 完善监管标准，加强执法主体建设

（1）完善旅游市场监管行业标准

西方许多国家对旅游市场主体进行分级，制定相应的标准，实施分级监管。事实证明，作为一种创新型监管方式，这不仅可以提高监管效率，还有利于权责明确，减少互相推诿，赢得良好公众赞誉，激发旅游企业的服务意识，提高服务质量。

鉴于此，我国应借鉴国外的成功经验。首先，应在制定标准方面参考相关专家和利益相关者的建议和意见，提高专业性；其次，要从实际情况出发，排除主观因素，严格遵循评定标准；最后，在定价方面，采取不同标准不同价格相匹配的原则，只允许在合理范围内浮动。

（2）加强旅游执法队伍建设

旅游执法队伍代表着监管部门的形象，直接影响着政府的公信力和监管水平。所以，训练一支具有专业知识和服务意识的强大执法队伍显得尤为重要。监管部门应抓住深化改革、政府转型的时机，提高执法队伍的整体素质。同时，加大财力投入，在预算中增加旅游监管执法专项资金，为监管执法营造相对宽松的环境。同时，应积极依托现代化的通信与网络监管平台，建设移动旅游监管执法系统，为基层旅游监管执法人员提供更加快捷、高效的管理服务手段，及时有效地开展移动办公、现场监管、信息查询等。

在加强旅游执法队伍建设的同时，应加强投诉分析、网络舆情监控和市场暗访暗查，鼓励和支持广大群众及游客通过投诉举报电话、12301 等服务平台反映情况，第一时间发现和收集各类文化旅游违规违法线索，多渠道、多途径、全方位掌握市场秩序综合情况。加强对在线旅游市场和非法组织出境游等重点领域的动态监测，及时研判热点敏感问题。

2. 完善责任清单，明确部门职责

2016 年 2 月 4 日，国务院办公厅发布了《关于加强旅游市场综合监管的通知》（以下简称《通知》），部署创新监管机制，加强旅游市场综合监管，特别是在厘清部门职责方面做了详细规定。《通知》强调完善各监管部门的责任清单，明确规定了旅游市场综合监管中各监管部门及旅行社和社会公众的责任。因此，各级政府与相关监管部门都应继续积极主动落实《通知》中各项要求，明确自身职责，履行监管义务。此外，责任清单还规定不同的旅游违法行为应当有不同的处理主体，并进行公示，以便消费者能够更好地了解不同监管部门在市场监管问题上的分工，依法维权。

（1）协调政府监管部门与行业协会之间的权责分配

政府监管部门的监管职能主要分为事前、事中、事后监管，依赖于权力展开工作，具有权威性与强制性。行业组织却不同，它是指依法成立，为达成会员共同意愿，按照法律及其章程开展活动的非营利性组织。充分发挥行业组织的桥梁、纽带、服务和管理作用，是政府转变职能、完善监管体系、提高服务质量和水平、促进旅游业健康发展的必然要求。行业组织依赖于行业自律管理发挥监管职能，自律管理主要包括制定会员共同遵守的规则和经营规范、建立会员信用制度、开展教育培训、对会员进行奖励和惩戒等。两者的权责分配清晰、相互补充。

（2）协调政府监管部门之间的监管职能

文旅部门是我国旅游市场监管的行政主管机构，市场监管、卫健、公安、交通等部门是辅助监管机构，严禁权力越位。《旅游法》中确立了中央政府和地方政府统筹监管的综合协调机制。国务院负责全国旅游市场的综合监管，各地旅游监管部门负责本地旅游市场的监管工作，保证旅游市场健康发展。此外，《旅游法》还对政府监管部门之间的监管职能进行了协调分配，通过法律的形式，明确规定了政府牵头、部门分工负责、旅游联合执法，旅游违法行为查处和信息共享、跨部门、跨区域督办机制。因此，在旅游市场监管实践中，迫切需要解决的是如何优化和完善地方已设立的旅游市场综合协调机制，使其在市场监管中能够真正发挥实际效用。这就需要进一步明确其中所涉及的部门在旅游市场监管中各自的职责和职权是什么，配合或联动的方法途径是什么，懈怠或失职的后果是什么，从而使得机制中的各方都能清楚、清醒地认识到自身的地位和责任，积极协调配合完成旅游市场监管的各项工作。

3. 重新确立旅游市场中政府的监管范围

（1）对社会性项目的监管

首先，政府应当转变监管理念，树立"以人为本"观念，在此基础上提供良好的公共服务。其次，政府应继续完善全国旅游监管服务平台（开通面向旅游者的终端接口），通过大数据与互联网等信息化手段做到实时预警、实时监测，贯穿事前、事中、事后的监管序列。充分利用 12301 全国旅游投诉举报平台。该平台已经实现了国家、省、市、区县四级旅游质监执法机构的全覆盖，整合了网站、微信、电话、信函等多种投诉渠道，针对涉嫌违法违规投诉案件，多数以调解或者和解代替行政处罚，同时加强对严重违法违规行为的查处力度，加大市场经营主体的违法成本。

（2）对经济性项目的监管

目前，《旅游法》的作用已经凸显。尽管法律体系中仍存在一些问题需要完善，缺少新的法规，但是监管法律制度的完善并非一朝一夕之功，政府不能因为法律不完善就把属于市场调节的部分笼罩在政治权力之下，政府不应插手，对于正常的旅游者购物，亦不应限制，应还给市场。

4. 完善违法行为查处信息共享制度

旅游市场监管涉及旅游、公安、交通、国土、工商、商务、食药、质检、价格、安监等多个部门，各部门在其中的职能和职责各有不同。因此，违法行为查处信息共享制度的落实，将大大提高各部门执法的影响力，从而形成旅游市场监管的合力。该制度的落实，需要国务院和地方政府明确规定信息采集、管理、更新以及发布的责任主体、平台和途径。因此，在旅游立法的健全与完善过程中，应当在法律上明确由各地履行旅游综合执法职责的部门负责建立和管理"旅游违法行为查处信息平台"，由其他各执法部门将相关信息上传至该平台，并根据已取得的授权进入该平台使用相关信息，同时该平台也应该实现与已建或在建的企业信用查询平台以及旅游管理与诚信建设网的信息共享。

第五章　旅游信用监管体系

一　2019 年旅游信用监管总体情形

近年来，我国旅游业迅猛发展，庞大的国内旅游市场业已形成，如今我国旅游业发展居于世界前列。但与此同时，亦应注意到：我国部分地区的旅游市场仍旧存在安全卫生、强制消费、虚假宣传、甩团滞留等旅游业态中的突出问题；而随着融合业态的不断深入发展，旅游监管手段的创新也亟须提上议程。因此，为推进旅游行业的发展及其监管制度改革，增强旅游行业中各参与主体的诚信意识、强化信用约束的概念与部门联合惩戒作用、积极构建以信用监管为核心的旅游监管新模式皆是至关重要的环节。2019 年初，文化和旅游部印发了《旅游市场黑名单管理办法（试行）》（以下简称《办法》）。此《办法》从旅游行业的管理职能这个落脚点出发，针对旅游市场监管体系中的新情况、新问题及新要求，明确了适用范围、分级管理和联合惩戒等事项，建立了制度化、体系化的旅游监管流程。《办法》的发布，标志着文化和旅游行业信用体系整体向好，得到了进一步完善；预示着旅游市场秩序持续向好，监管主体对旅游市场将形成强有力的震慑。

随着《办法》的出台，文化和旅游行业又陆续出台《全国文化市场黑名单管理办法》、《关于对文化市场领域严重违法失信市场主体及有关人员开展联合惩戒的合作备忘录》等，"黑名单＋备忘录"的旅游信用监管机制已经形成。从"信用中国"网站等信用信息平台的建设可以窥得：信用信息公开以及共享的能力与力度不断增强；守信联合激励机制与失信联合惩戒机制双管齐下、齐头并进，联合奖惩备忘录的覆盖宽度、广度和深度持续延伸，无一不给旅游行业监管注入了强心剂。

（一）2019 年旅游"黑名单"概况

1. 文化和旅游部公布的旅游 "黑名单"

根据 2019 年 11 月 27 日文化和旅游部最新发布的关于全国旅游市场黑名单的公告，将冯某、赵某某列入全国旅游市场"黑名单"，记录期限为 3 年。冯某担任主要负责人的旅行社被吊销业务经营许可证；而赵某某已被吊销导游证。

文化和旅游部于此前不久公布了一批旅游不文明行为记录，三名游客被纳入旅游不文明游客记录，记录期限亦为 3 年。其中，游客王某、张某在马来西亚水上清真寺的矮墙上跳热舞，违反了当地宗教禁忌；游客彭某在大理市游玩的过程中用儿童玩具击伤红嘴鸥。两个事件的相关视频皆在网络上广泛传播，引起当地社会不良反响，有损中国游客的文明形象，造成了严重的不良社会影响。截至目前，根据相关规定，经旅游不文明行为记录评审委员会审定，已有 37 人被纳入旅游"黑名单"。

在景区及其他旅游主体方面，虽然文化和旅游部尚未设立或者公布相关黑名单数据，但是可以从 2019 年 7 月底文化和旅游部对山西省晋中市乔家大院等 7 家质量严重不达标或存在严重问题的 5A 级旅游景区予以通报批评处理，限期 3 个月整改的相关情况看出：旅游服务管理水平依旧存在上升空间，被列入旅游"黑名单"或者被予以通报批评处理的主体都需要对监管中发现的问题引以为戒、立行立改。

2. 典型省、市（地区）公布的旅游"黑名单"

（1）昆明市文化和旅游局公布的旅游"黑名单"

根据《昆明市旅行社、分社及从业人员"红黑榜"制度》，由昆明市文化和旅游局发布的 2019 年 1～8 月（第八期至第十五期）旅行社及从业人员"红黑榜"信息中显示，被纳入旅游"黑名单"的旅行社累计超过 87 家，其中，逾 10 家旅行社被吊销执照，6 家旅行社被撤销；被纳入旅游"黑名单"的导游 6 人，其中 2 人已被吊销导游证；被纳入旅游"黑名单"的旅游从业人员 13 人，其中 1 人已被吊销证照。

（2）广西壮族自治区文化和旅游厅公布的旅游市场"黑名单"

根据相关条例，广西壮族自治区文化和旅游厅发布首例旅游市场"黑名单"，将桂林市盛迦国际旅行社有限公司总经理冯某和导游赵某某列入黑名单，记录期限为 3 年，并向自治区相关单位推送了这两名旅游领域严重失信相关责任主体的信息，依法在市场准入、行政许可等方面实施联合惩戒。

上述人员的行为违反法律，有悖于旅游市场信用体系规定，造成了社会不良影响，严重扰乱旅游市场秩序。依据《旅游市场黑名单管理办法（试行）》的有关规定，广西壮族自治区文化和旅游厅已提请文化和旅游部将上述两名旅游领域严重失信相关责任主体纳入全国旅游市场"黑名单"，并在全国范围内实施联合惩戒。

（3）丽江市旅游市场监管综合调度指挥中心公布的旅游"黑名单"

为加强旅游市场综合监管力度，严格执行"五个一律"及云南省旅游从业人员"八不准"规定，稳步推进丽江旅游市场秩序整治工作，由云南省丽江市旅游市场监管综合调度指挥中心发布的2019年1~10月（第二十二期、第二十五期至第三十一期）旅游"红黑榜"信息显示，登上"旅游黑榜"的违反相关法律法规的旅游企业累计超过13家，其中旅行社10家，酒店2家，客栈1家；登上"旅游黑榜"的从业人员累计超过14人，其中包括无证人员1名，驾驶员1名。

（二）2019年旅游"红名单"概况

1. 多数省市公布的旅游 "红名单" 为定额式

自专项整治"不合理低价游"以来，疏堵结合，积极引导旅行社诚信守法经营，引导游客理性消费，各省市通过公布旅游"红名单"的形式积极响应。多数省市公布的旅游"红名单"为定额排名式，例如昆明市旅游市场红榜上榜者为接待量前10位且同月无违法违规、无旅游投诉记录的旅行社。

在定额式旅游"红名单"之外，国家全域旅游示范区等全国性质的表彰名单亦对积极引导旅游市场主体守法经营具有借鉴意义。

2019年9月，为贯彻落实《"十三五"旅游业发展规划》、《关于促进全域旅游发展的指导意见》、关于创建国家全域旅游示范区的有关要求，文化和旅游部按照《国家全域旅游示范区验收、认定和管理实施办法（试行）》《国家全域旅游示范区验收标准（试行）》的相关条款，开展了对首批国家全域旅游示范区的验收认定工作，最终敲定了首批国家全域旅游示范区名单。

此次入选首批国家全域旅游示范区名单的有江西省吉安市井冈山市、湖北省宜昌市夷陵区、西藏自治区林芝市鲁朗景区管理委员会、新疆生产建设兵团第十师185团等71个区县和单位。

2. 668家旅行社上榜首批旅行社"红名单"

为对"不合理低价游"进行有效打击，在旅游全行业、全领域引导并促成诚信经营的风尚，文化和旅游部号召全国旅游企业自愿承诺诚信经营，旅游行业协会以及广大旅游企业纷纷响应、踊跃应许。如今，各地旅游协会以及全国23个省区市的668家旅游企业自愿签订了《旅行社诚信经营承诺书》。相关旅游企业等旅游行业主体表示如做出有悖于其许诺，产生"不合理低价游"等问题，则将自愿接受监管部门的顶格处罚，并对利益受到损害的旅客加倍赔偿。

"第一批公开承诺诚信经营旅行社名单"包括中青旅控股股份有限公司、中国国际旅行社总社有限公司、中国旅行社总社有限公司、北京携程国际旅行社有限公司、北京途牛国际旅行社有限公司等知名旅游企业。

中国旅行社协会会长张立军指出，旅游全行业、全领域为了响应文化和旅游部的号召，行动极其迅速，有大批旅行社主动清理了涉及"不合理低价"的旅游产品，面向社会，集体做出了诚实、守法、守信经营的承诺，坚决杜绝虚假宣传，虚心接受各方监督，发出了抵制"不合理低价游"的行业心声。

文化和旅游部向广大旅客发出号召：出游时，可以倾向于选择公开承诺诚信经营的旅行社，并且鼓励旅客对旅游市场各种业态进行监督和举报，旅游主管部门将依法依规对违反承诺的旅游企业予以严厉惩处。因此，旅行社等旅游行业主体自愿做出诚信经营的承诺即具备了被纳入旅游市场"红名单"的巨大潜质。

3. 5255 家旅游企业上榜第二批承诺诚信经营名单

文化和旅游部通过举办"抵制不合理低价游，明明白白去旅游"——"第二批公开承诺诚信经营旅行社名单"发布直播活动，以在线访谈的方式向网友宣传"不合理低价游"的危害，通过网络发布了第二批承诺诚信经营的 5255 家旅游企业。

（三）旅游"红黑榜"分析

1. 旅游 "红黑榜" 是管理手段上的创新，有助于规范旅游市场秩序

旅游"红名单"的示范作用不言而喻。"红名单"可以为旅游景区、旅行社、导游及从业人员等旅游市场主体打造口碑，吸引更多游客。与此同时，旅游"红名单"可以鼓励游客文明旅游、文明出行，激励广大游客对不文明游客进行监督和制止，这对于净化旅游市场、提升旅游品质、促进旅游业的健康发展大有益处。

反之，旅游"黑名单"对旅游市场主体来说是一种威慑和警示。被纳入"黑名单"后，旅游市场主体在社会上呈现出负

面的形象，游客会用实际行动做出选择，远离"黑名单"上榜者，从需求端倒逼供给端自我纠正错误。不文明旅游行为的成本有所提高，游客将为其不文明旅游行为付出代价，在一定程度上有助于遏制游客不文明旅游行为。

2. 实现旅游"红黑榜"的合作、共享与后续跟踪才能发挥出其应有的威力

（1）实现旅客"红黑榜"的资源共享与整合促进全国旅游信息交流

为了便于相关部门打击不文明行为，全国各大景区及其地方旅游管理部门早已先后实行黑名单或不文明行为记录办法，可以在其管理部门官方网站及信用中国等公示处进行查询。

但对于许多游客来说，一般情况下，旅游属于一次性消费，被纳入一家景区的"黑名单"对游客的威慑力不大，违规成本完全在可控范围内；被纳入一家景区的"红名单"所带来的优惠政策亦不足够激励人心。

因此，关于旅客方面的"红黑榜"需要更多的景区关注旅游"红黑榜"的实际效力，积极配合并参与文化和旅游部的专项行动，实现资源和旅客信息的共享，要让不文明旅游对"一处不文明，处处不欢迎"有深刻的认识，更有助于协调全国范围内旅游部门的步调。

（2）旅游"红黑榜"的实际发言权不应停滞在地方层面

当下，由文化和旅游部采集并整理相关信息的机制尚未建成，多数旅游"红黑榜"的信息依旧停留在由地方旅游部门直接发布或逐级上报相关情况后，经过大量信息汇总工作而成。

因此，目前呈现出的最突出的状况，即多地皆公布"报喜

未报忧"版的旅游榜单。旅游"红黑榜"存在忽略"警示榜"作用的趋势，有逐渐沦为单方面的"光荣榜"之虞。在这种情况下，最终遴选出的旅游榜单在说服力与公信力方面显然有所缺乏。

旅游"红黑榜"的发布与公众的利益密切相关。一般而言，当有关方面制定并公布出"红黑榜"后，登上"黑榜"的旅游行业主体应该迅速召开会议，抓紧部署落实以挽回形象，为以后的"脱榜"打下基础。而游客对于"红黑榜"，出于自身利益考虑，也应给予高度支持。但自制定旅游"红黑榜"的监管形式推出至今，仍有登上"黑榜"的景区对曝光的问题予以否认，甚至连与此息息相关的游客，也对榜单不予支持。

应该说，公众的参与性，在一定程度上可弥补旅游红黑榜发布的信息单边性。因而，对于哪些旅游市场主体应该被纳入旅游"红黑榜"，具有发言权的不仅仅是旅游市场监管部门，应该从地方保护主义中脱离出来，更多关注到普通游客和导游等的发言权，提供更为便捷的公众旅游反馈渠道，提升旅游"红黑榜"的"纯正度"。

（3）旅游"红黑榜"发布后需进行长效跟踪以确保其新鲜度及权威性

试想在定期发布旅游"红黑榜"的基础上，相关管理部门如若不深入挖掘、宣传被纳入旅游"红名单"者的闪光点，如若不依法处理被纳入旅游"黑名单"者，并将其处罚机制、整改情况实时公布，这实质上就是不了了之，旅游"红黑榜"的示范引领、约束倒逼、惩戒警示意义犹如明珠蒙尘，作用亦是削弱大半。

为确保并持续增强所发布旅游信用信息的新鲜度以及权威性，有必要在旅游"红黑榜"的后续过程中保持必要的透明度，可以借助第三方机构对景区及行业服务进行科学公正的定期评估。

3. 旅游 "红黑榜" 需同法治建设结合起来

虽然旅游"红黑榜"在警示、惩戒旅游不文明行为等方面的成效已经逐渐凸显出来，但是，其始终无法代替法律于旅游市场监管体系中的地位。

文化和旅游部曾于国庆节假期后公布 5 例不合理低价违规境外旅游的案例，案例中阐述了对于违规旅游市场主体的惩处。对违法的旅游市场主体予以处罚并直接公布，可以使得旅客防患于未然，警惕性提高，但这些措施所提供的补偿在很大程度上与违规主体造成的损失是不对等的，仅能在事后对旅客所受的损害进行弥补而已。而更大规模地保障各旅游市场主体的正当权利，一整套长期有效的监督、举报、追责机制是必需的。而法律是这套机制的肯綮与基石。旅游"红黑榜"确实有助于相关部门及时地发现旅游市场监管中的疏漏，但该寻求民事赔偿的一定要赔偿，该追究刑事或行政责任的，一定要将相关信息、线索移交给公安机关、旅游行政主管部门，交由执法部门处罚、处理，不能私了或者只是将这类游客列入"黑榜"了之。

二 旅游信用监管的热点问题

（一）旅游景区对损坏景区设施者的信用惩戒

为便于打击旅游不文明行为，如对景区设施造成一定程度的损坏，全国各大景区早已先后实行黑名单或不文明行为记录办法，但由于一家景区单打独斗，警示与惩戒意义不大，现已逐步向统一整合、长效跟踪的旅游信息平台，全国旅游"红黑榜"等形式推进。

（二）旅游运输企业对不文明乘客的信用惩戒

为落实习近平总书记关于构建"一处失信、处处受限"信用惩戒大格局的重要指示，按照《国务院关于建立完善守信联合激励和失信联合惩戒制度加快推进社会诚信建设的指导意见》（国发〔2016〕33号）要求，防范部分旅客违法行为对民航飞行安全的不利影响，进一步加大对其他领域严重违法失信行为的惩戒力度，交通运输部继续致力于发挥交通运输信用体系的作用，持续推进民航客运、高铁客运旅客"黑名单"制度建设。"信用中国"网站受托公示联合惩戒对象名单信息。

依照《关于在一定期限内适当限制特定严重失信人乘坐火车推动社会信用体系建设的意见》（发改财金〔2018〕384号）和《关于在一定期限内适当限制特定严重失信人乘坐民用航空器推动社会信用体系建设的意见》（发改财金〔2018〕385号），2019年1月至10月，全国共新增符合以上两个文件明确严重失信行为而限制乘坐火车的严重失信人达3958人，限制乘坐民用航空器严重失信人有7038人。

其中，铁路总公司提供3845人，主要涉及在动车组列车上吸烟或者在其他列车的禁烟区域吸烟，无票乘车、越站（席）乘车且拒不补票，扰乱铁路站车运输秩序且危及铁路安全、造成严重社会不良影响等。这些人将被限制乘坐所有火车席别。

民航局提供 6925 人，主要涉及堵塞、强占、冲击值机柜台、安检通道、登机口（通道），随身携带或托运国家法律、法规规定的危险品、违禁品和管制物品，随身携带或在托运行李中故意藏匿国家规定以外属于民航禁止、限制运输的物品，使用伪造、变造或冒用他人乘机身份证件、乘机凭证，妨碍或煽动他人妨碍机组、安检、值机等民航工作人员履行职责，实施或威胁实施人身攻击，在航空器内使用明火、吸烟，违规使用电子设备，不听劝阻等。他们将被限制乘坐民用航空器。

证监会及税务总局等提供 113 人，涉及逾期不履行证券期货行政罚没款缴纳义务和上市公司相关责任主体逾期不履行公开承诺。他们将被限制乘坐火车高级别席位（包括列车软卧、G 字头动车组列车全部座位、其他动车组列车一等座以上座位）和民用航空器。

名单于 2019 年 11 月 1 日（2019 年 11 月第一个工作日）在"信用中国"网站发布，自发布之日起 7 个工作日为公示期，在公示期内，被公示人可向有关部门提出异议，公示期满，被公示人未提出异议或者提出异议经审查未予支持的，开始受到相关限制。

从以上数据及名单能够看出：旅游运输企业对不文明乘客的信用惩戒已经形成了具有一定水平的信用体系，就严重失信行为人的限制范围、有关责任人、信息采集、发布执行与权利救济、移除机制、诉讼指导、宣传工作等具体内容的落实做到了有的放矢，形成了章程。

1. 中国铁路总公司及相关部门对不文明乘客的信用惩戒

按照《征信业管理条例》、《关于加强交通出行领域信用建设的指导意见》（发改运行〔2017〕10号）等要求，为推进铁路信用体系建设，弘扬守信行为，规范铁路旅客信用信息记录和使用管理，更好地维护铁路站车秩序，依据国家法律法规和有关规定，中国铁路总公司制定并发布了《铁路旅客信用记录管理办法（试行）》。

《铁路旅客信用记录管理办法》中详细规定了总公司运输局、铁路局客运主管部门、客运站段等相关部门在落实旅客信用记录管理中的主要职责，并将七种失信行为纳入铁路旅客信用记录管理。

2. 各航空公司及相关部门对不文明乘客的信用惩戒

为维护航空运输秩序，保障航空运输安全，提高服务质量，维护广大民航旅客的利益，依据《中华人民共和国民用航空法》、《中华人民共和国治安管理处罚法》、《中华人民共和国民用航空安全保卫条例》、和《关于进一步加强文明旅游工作的意见》等法律、法规、文件，制定了《民航旅客不文明行为记录管理办法》。

各航空公司将严格执行《民航旅客不文明行为记录管理办法》，及时上报有关信息。中国航空运输协会将及时发布民航旅客不文明行为记录。中国民航信息集团公司等单位负责提供技术保障。

针对旅客不按照指定座位入座等不服从客舱秩序管理、影响运行安全的行为，如情节严重且造成恶劣影响的，航空公司可以按照《关于在一定期限内适当限制特定严重失信人乘坐民用航空器推动社会信用体系建设的意见》的有关规定，将相关人员列入失信名单，实施相应的限制措施。

（三）旅行社对信用不良游客的信用惩戒

1. 典型省、市（地区）的旅行社对信用不良旅客的信用惩戒

厦门市旅游发展委员会依照《厦门经济特区促进社会文明若干规定》，配套制定了《厦门市旅游发展委员会关于旅游者不文明行为管理暂行办法》，请旅游企事业单位遵照执行。根据厦门市旅游发展委员会关于旅游者不文明行为管理暂行办法，旅游者在旅游活动中有扰乱车船等公共交通工具秩序，破坏文物古迹、旅游设施、生态环境，严重扰乱旅游秩序等不文明行为，且造成严重社会不良影响并被有关行政执法部门处罚的，厦门市旅行社可以拒绝与其签订旅游服务合同、不提供旅游服务。监护人存在重大过错导致被监护人发生以上不文明行为，厦门市旅行社可以拒绝与监护人签订旅游服务合同、不提供旅游服务。

2. 典型省、市（地区）的旅行社对信用不良旅客的信用惩戒评析

厦门市旅游文明新规增加了旅行社对游客的选择权，明确旅行社可以拒绝与不文明游客签订旅游服务合同、可以不提供旅游服务，很有创新思维。

旅行社是依靠服务游客从而获得收益的企事业单位，让旅行社拒绝与不文明游客签订旅游服务合同，拒绝为不文明游客提供旅游服务，势必影响旅行社获得收益的机会。从这个层面出发，如果旅行社有吃亏想法，就不会拒绝服务不文明游客，《厦门市旅游发展委员会关于旅游者不文明行为管理暂行办法》

中的相关条款就有被搁置的可能。

旅游管理部门要打消旅行社拒绝为不文明游客服务会吃亏的想法。作为旅行社，应当承担服从监管、为游客提供优质服务的企业责任和义务，在为游客服务时，要重利，更要重义；而旅游监管部门，应当把规定中对旅行社有积极作用的条款解释清楚。诚然，旅行社拒绝为不文明游客提供服务，会失去部分客源，却能满足绝大多数游客的旅游幸福感，提升旅行社的形象，吸引更多游客前来光顾。相反，旅行社不遵照规定执行，游客就会对旅行社的服务不满，对旅行社失去信任和好感，转而选择更规范的旅行社。

（四）国家部委对不良旅游企业及从业人员的联合惩戒

据国家发展改革委网站显示，国家发展改革委、人民银行、文化和旅游部、中央组织部、中央文明办、铁路总公司等 26 部门联合签署了《关于对旅游领域严重失信相关责任主体实施联合惩戒的合作备忘录》，涉及 7 种旅游领域严重失信情形。备忘录还透露，联合惩戒措施主要包括三方面内容：限制或禁止失信当事人的市场准入、行政许可；对失信当事人加强日常监管，限制融资和消费；限制失信当事人享受优惠政策、评优表彰和相关任职。

三　旅游信用监管的探索与创新

（一）旅游信用监管的现行体制

旅游监管执法、旅游投诉处理与旅游信用信息管理平台三个系统，是建设中国旅游市场信用监管体系的关键。

1. 中国政府相关部门监管执法

一直以来，中国政府的相关部门，如文化和旅游部、国家食品药品监督管理总局、国家工商总局等皆会遵照本部门的法定职责，通过日常监管、定期巡查、联合检查、联合整治行动等方式对旅游市场的各参与主体进行监管，并且将相关执法信息公布于官网或者信用信息平台。因此，旅游监管执法对于普通旅客及旅游行业其他参与主体而言，无疑是十分具有威慑力的。文化和旅游部依据《旅游法》等法律法规对涉旅企事业单位进行监管；国家食品药品监督管理总局依据《食品安全法》《食品药品行政处罚规定》等查处旅游行业中涉嫌违法违规的行为，并有望于 2020 年，基本形成食品药品监管系统及其相关配套规章；国家工商总局根据《反不正当竞争法》《产品质量法》《合同法》《广告法》等法律法规对不正当竞争、履行约定合同存在瑕疵甚至漏洞、虚假宣传、产品以次充好等违法违规行为进行查处。诸多政府部门一起，构成了配套衔接的旅游市场监管执法系统，能够较好地维护旅游市场的正常运转秩序，促进旅游行业健康发展，并将行政审批和行政处罚等旅游监督与管理信息公布至全国层面的信用信息平台。

（1）中国旅游市场监管执法的五种典型形式

旅游行业具有显著的行业集合性、总括性、吸收性；我国旅游监管立法及执法起步晚、基础弱；国内国际旅游行业持续繁荣；旅游监管执法任务日渐加重——对旅游市场不断提出新的要求，促使旅游监管执法体系从产生逐步发展到如今不断趋于完善。全国不同地区从地域、区域个性化特质出发，依据旅游行业发展趋势和旅游监管执法的实际，逐步建立了具有针对性的多样旅游监管执法体制机制，形成了不同的模式。目前，旅游监管执法模式主要包括文旅执法监督委员会、执法领导小组、行政执法部门、联合执法办公厅、综合执法处这五大类别。

旅游监管执法的五大类别和而不同。其形式不尽相同，但基本规律和主要特征本质上是共同的。在基本规律方面，五大类别都坚持依法行政、一元领导、细化分工、多元负责，注重引导、因地制宜，执法常态化、治理综合化、权责一体化的原则。在体制机制方面，五大类别都整合了交通运输、公安等部门的执法权，各部门依据各自的法律法规来行使执法权，对旅游市场形成共同监督管理，建立了长效和常态化的执法机制。在推进旅游综合执法过程中，应当长期坚持并不断提高和改善。

（2）典型省、市（地区）旅游监管执法的模式——"1＋3＋3"综合治理模式

在全国范围内，海南省三亚市率先实行旅游综合执法改革，成为旅游监管执法改革中的模范，旅游警察和旅游综合执法改革就此成为展示三亚表率风范的一张亮丽的名片。

三亚市建立起以旅游警察、旅游巡回法庭、旅游纠纷人民调解委员会和各行政执法部门为主体的"四位一体"旅游市场监管机制。此监管体制能够有效击破旅游市场监管现有的多元管理困境，使得各旅游市场监管执法部门联动，从而及时收集、掌握、处理旅游市场内的各类信息、旅游业态与投诉案件情况，在防治旅客投诉无果、监管主体互相推诿责任方面成果丰硕，国家相关部委、专家学者、各大主流媒体以及广大旅客对此体制好评如潮。三亚市的新型旅游市场监管体制会依据旅客的诉

求、实时舆情监测等做出即时的反馈与处置，让各旅游市场参与主体感受到政府一直走在积极处理管理与服务关系的大路上，感受到政府服务人民带来的诸多实惠，让人们看到了旅游市场监管化被动为主动的巨大可能性。这种旅游执法监管的模式，不仅顺应了三亚市建设国际旅游消费中心和发展全域旅游的需要，而且契合国家对综合执法改革的整体要求。

2. 处理旅游投诉涉旅舆情的机制

当旅客所遇到的旅游服务并未达到其期望值和相应的标准时，旅客的出游积极性受到打击，则会想到向当地旅游相关部门或者消费者权益保护协会投诉。由此可以看出，旅游投诉不仅是维护旅客的正当权利、合理期待的途径，还是从反向倒逼旅游服务质量提升的方式。因此，旅游投诉与处理涉旅舆情无疑是旅游市场监管的核心内容之一，各级政府部门都高度重视、谨慎对待旅游投诉，制定并出台了一系列的法律法规制度。目前，现行的法律法规有：针对旅游市场纠纷的协商、调解、诉讼进行详细规定的《旅游法》；围绕旅游投诉的概念、管辖、受理及处理进行更为详细的阐述与规范的《旅游投诉处理办法》；再结合《中国公民出国旅游管理办法》《消费者权益保护法》等法律法规与规章制度，牢固地构成了维护旅客合理正当权益的法律盾牌。

在三亚市等具有典型性的旅游城市，当地旅游警察依托12301 旅游投诉热线，融合其他涉旅部门的职能于其中，从而避免投诉平台过杂。只要接到投诉或涉旅舆情处理问题，旅客中心指挥平台就会立即将案情转给市综合执法办，执法部门工作人员半个小时内到达现场，快速调查处理旅游矛盾纠纷，提高旅客满意度。

3. 旅游信用信息及监督管理平台

旅游市场信用体系是建立在全国企业信用体系之下的一个具体分支，旨在通过信用信息平台向社会公布旅游行业相关参与主体的现状、信用信息等情况，约束其在旅游市场中的一举一动，使其在参与旅游市场的过程中着重注意自身的诚信道德问题，达到规范旅游市场秩序的最终目的。

（1）全国范围内"黑名单＋备忘录"的信用监管机制

从宏观政策的角度出发，自党的十八大至今，国家始终赋予全国社会信用体系建设以高度的关注，并于 2014 年正式出台全国性的顶层设计文件，将建设全国信用体系提升到建设国家治理体系和治理能力现代化的高度。截至 2018 年底，以"信用中国"网站建设为代表的信用信息平台的共享公开能力不断增强；联合鼓励守信与联合惩戒失信机制已经成为旅游市场监管体制中的新动能；联合奖惩备忘录的覆盖范围稳步扩大。2019 年初，针对旅游市场监管体系中的新情况、新问题及新要求，文化和旅游部发布了《旅游市场黑名单管理办法（试行）》（以下简称《黑名单管理办法》）。《黑名单管理办法》从旅游行业的管理职能这个落脚点出发，明确了适用范围、分级管理和联合惩戒等事项，建立了制度化、体系化的旅游监管流程。《黑名单管理办法》中明确，地市级及以上文化和旅游行政部门或者文化市场综合执法机构按照属地管理及"谁负责、谁列入，谁处罚、谁列入"的原则，具有七种情形之一的旅游市场主体和从业人员将被列入本辖区旅游市场"黑名单"。

以加快建立新型监管模式——信用监管制度的脚步为目的

发布《黑名单管理办法》，是旅游全行业、全领域信用体系进一步完善的重要体现，有助于审慎地稳步建设文化和旅游领域信用体系，提高旅游行业的整体管理水平，拔高文旅领域整体品质。截至 2018 年底，愈 60 个相关政府部门已签署超 50 个联合奖惩备忘录，制定联合奖惩措施，更加凸显出联合奖惩的卓越成就。

目前，旅游领域已有《全国文化市场黑名单管理办法》和《关于对文化市场领域严重违法失信市场主体及有关人员开展联合惩戒的合作备忘录》，《旅游市场黑名单管理办法（试行）》和《关于对旅游领域严重失信相关责任主体实施联合惩戒的合作备忘录》，已形成"黑名单 + 备忘录"模型的旅游信用监管机制。

《黑名单管理办法》的出台，弥补了此前旅游信用监管制度的短板和不足，其具有以下四大优越性。

第一大优越性即实现了与《关于对旅游领域严重失信相关责任主体实施联合惩戒的合作备忘录》的有力衔接。《黑名单管理办法》中明确了六大联合惩戒措施，对被纳入"黑名单"的旅游市场主体和从业人员，将在参与评比表彰、政府采购、财政资金扶持、政策试点等方面予以限制，向相关部门通告其严重违法失信信息，该条款与此前文化和旅游部等 26 个部门联合签署的《关于对旅游领域严重失信相关责任主体实施联合惩戒的合作备忘录》（以下简称《备忘录》）中，对被纳入"黑名单"的失信被执行人，将实行限制高消费旅游惩戒，即限制失信被执行人及其法定代表人等四类人员参加旅行社组织的团队出境旅游。综上而言，《黑名单管理办法》和《备忘录》的模型能够在现有最大限度内明确如何联合惩戒失信行为。第二大优越性是其不断延伸的覆盖范围。《黑名单管理办法》所对应的适用主体既涵盖传统的旅行社、景区、旅游住宿等从事旅游经营服务的企业、个体工商户及导游等从业人员，也包括新兴的通过互联网等新兴科技提供在线旅游服务或者产品的经营者及从业人员，如互联网在线旅游平台（即在线旅游企业和平台），当然，也包含针对失信被执行人的适用情形。第三大优越性为与行政管理及区划对应，实施分级管理模式。《黑名单管理办法》改变了过去事无大小，全部交由国家部委层面处理的现象，细化了文化和旅游部及省、地市级文化和旅游行政部门的职责分工。此举亦是扩大覆盖范围的推进器，利于实现对旅游全行业、全领域的失信行为的精准打击。第四大优越性在于具备科学的标准化的旅游市场管理体系，已经实现线上、线下同步实时更新，纳入"黑名单"统一管理。《黑名单管理办法》提出了建立列入、告知、发布、惩戒、信用修复、公示期结束、移出等一整套管理流程，实行动态管理，使"黑名单"统一管理方式的流程更加流畅、有序。

（2）典型省、市（地区）的辅助旅游信用监管体系

三亚市建立旅游信用监管体系。自 2017 年起，三亚市通过旅游信用积分，对旅游市场参与主体及旅游从业人员实施动态化管理，摆脱过去静态模式下旅游市场信用环境无法快速明晰的状况。

此旅游信用积分制度实行五级赋分规则，其中，守信信息分为 2 个等级，失信信息分为 3 个等级。而严重失信信息将扣除 100 分。每个旅游企业、个人的初始信用积分为 100 分。积

分期间结果将作为其主体的诚信等级的评定依据，并依此等级对接联合奖惩措施。

不仅如此，三亚市还将旅游投诉热线上的投诉信息和网络上的负面评价信息纳入信用积分体系，按照每 1 条负评扣 1 分的标准予以记录。其中，信用积分最高的 10% 将被纳入旅游信用"红名单"，信用积分最低的 10% 被列入旅游信用"黑名单"。旅游信用"红黑名单"与旅游监管各部门"红黑榜"互为补充，成为旅游信用监管体系下的联合奖惩对象。

此外，三亚还以统一的标准建设信用信息大数据平台，健全信用信息的登录、检索、查询功能，更大限度地实现信息开放共享，将失信单位、个人纳入重点监管范围，实时监控各项风险因素的变动趋势。该体系还积极融入大数据分析手段对旅游市场各类主体的信用现状进行定制分析，为旅游行业转型升级提供决策依据。

（二）实施旅游信用监管的难点

随着旅游业的快速发展，旅游业各类不诚信行为日益凸显，旅游服务质量难以尽如人意，为此，健全旅游信用监管体系刻不容缓。

从整体来看，我国的旅游信用监管体系已经初成规模，但深入探析后仍旧能够发现：我国旅游信用监管建设存在旅游法制建设滞后、信用信息归集机制不健全、旅游综合执法体系难以快速建设、游客依法维权的渠道不够畅通等难点问题。

1. 旅游市场信用监管的法制建设滞后

一直以来，我国旅游立法都严重滞后于旅游行业发展，其表现在旅游行业的综合立法上。旅游综合立法自 1982 年开始着手，但由于旅游行业的集合性、综合性显著，始终难以敲定。旅游行业出现的问题只能参照其他相关法律法规去解决，但由于各相关条规之间尚不能相互衔接，无法涵纳旅游行业的方方面面，这终究不是根本之道。在这样的情况下，关于旅游市场中的规范失信行为尤其难以获得有效的解决，多数情形皆是依靠旅游市场中各个参与主体自己的社会责任感与道德取向来约束。旅游立法的缺失和滞后，直接导致失信行为带来的利益大于守信行为需要的成本时，旅游市场的经营者与从业人员往往将诚信抛于脑后。

2. 旅游信用监管的信用信息归集机制不健全

目前，旅游信用监管所采纳的信用信息是由地方旅游部门发布或上报相关信息给文化和旅游部，跨部门的数据归集及处理可能影响数据的可信度，且在实际操作中，对于相关收集人员要求较高。

一般来说，除了处在旅游综合执法改革发展前沿的三亚市等，多数平台归集的旅游市场主体信用信息不够完善，并未将旅客投诉及涉旅舆情等信息收入平台。

3. 旅游综合执法体系建设方面的难点

（1）旅游执法的具体组织难度大

例如五大旅游执法模式中的旅游综合执法办公室及其他类似办事机构，多数设置于旅游行政管理部门之下，具体的组织协调工作仍旧由旅游行政管理部门来承担。而这种状况被戏称为：旅游主管部门"没有枪，没有炮，只有一把冲锋号"。需要统一组织协调的办事机构原多隶属于不同部门，各办事机构之间的人员构成、认识程度、重视程度等情况皆存在不小的差异，旅游执法的具体组织十分困难，时常后继无力。

（2）旅游行政执法人员不稳定

在某些旅游行政执法模式中，执法队伍的成员是由单位抽调人员或者指定人员组成的，但员工工资、福利、业绩考核、奖励与处罚仍旧停留在原工作单位。这样的模式确实很容易使队员思想不稳定。执法队伍中的人员难以稳定下来，那么整个执法队伍的行政执法工作也颇具风险，开展工作的效果必定有所缺损。在有些地方旅游综合执法办事机构由财政全额拨款，而部分地方则是由各队员的原派遣单位自筹执法经费。如此这般，旅游执法经费陷入被动，经费到位的时间与力度难以把握，执法所必需的设备与物资，如执法执勤车辆和后勤保障工作无法积极有效地展开，使得旅游综合执法严重滞后、作用无法发挥。

与此同时，旅游行政执法人员执法观念没有及时更新，部分队员容易产生"无利则不管"的心态与理念，直接导致执法工作陷入被动、流于形式。

（3）旅客依法维权渠道仍旧不能畅通无阻

旅游行业是极具综合性的，而在现实中，旅游行业相关的六大消费环节——食、住、行、游、购、娱是由不同的政府部门来监管的。在这种情况下，旅客遇到问题向谁投诉，以及一次投诉所需要的成本和时间成了旅游的一大难题。究其原因，这是监管部门与处理投诉的部门宣传不到位，旅客对于怎样投诉、向谁投诉、投诉流程缺乏了解的通道。旅客依法投诉维权渠道的不畅通使得旅游企业和从业人员的不诚信行为愈加猖獗。在文化和旅游、消费者权益保护协会、物价、工商、等投诉部门受理投诉问题时，综合行政执法体系不完善导致实施执法行为时无法可依，无人配合，影响执法者的社会形象，造成恶性循环。难以还原案件真实情况，旅游行政执法案件的调查、取证难度高，投诉程序烦琐，甚至旅客需要投入时间成本，影响旅客的其他安排等，非常打击旅客投诉维权的积极性和主动性。

（三）完善旅游信用监管的对策

1. 加快旅游法制建设进程，加强诚信守信教育

加快旅游法制建设的进程，即通过建立健全法律法规和树立更加严格的执法监管作风，加强对守信者的维护力度和失信者的惩处力度，彰显"守信者受益、失信者需要付出代价"的诚信机制与社会价值导向；强化旅游立法的严肃性和权威性，促使旅游企事业单位和旅游相关从业人员行为更加规范化。

强化旅游立法的作用。从现有的诸多法律出发，强化法律解释，完善法律细节。完善法规制度建设，形成鼓励守信者、惩戒失信者的机制，引导旅游企事业单位及相关从业人员诚信守法经营，倡导旅客文明出游。

旅游立法建设与旅游法治的实践息息相关，密不可分。故而，应当逐步健全旅游执法监管体系，将各级政府部门与旅游行业参与主体的责任落到实处。加强对旅游市场的检查和监管力度，例如提高定期及不定期检查的频率，扩大其范围，尤其关注对旅游行业中各参与主体的不诚信行为的惩戒，提高其不诚信行为的风险和成本。

政府的行政主管部门应当协同各级旅游行业协会督促旅游

行业开展教育、培训工作，从精神层面提出约束与规范旅游从业人员的要求以提高其诚信意识和职业素养。

近年来，随着在线旅游市场快速增长，在线旅游平台和旅游者之间的矛盾也日趋凸显。文化和旅游部应进一步将相关法律法规予以细化、具体化，出台一部专门针对旅游的法律法规。

前不久，文化和旅游部发布关于《在线旅游经营服务管理暂行规定（征求意见稿）》（简称《暂行规定》）。《暂行规定》规定：文化和旅游部负责全国在线旅游经营服务的指导、监督、管理工作；在线旅游平台应当对平台内商家的资质和上传的内容进行核验和登记，对平台上存在的违法和侵权行为加强动态监管；平台若未尽到商家资质审查责任或未尽到安全保障义务造成侵害旅游者合法权益后果的，平台将与商家和服务者承担连带责任。其中，最值得关注的是针对在线旅游行业存在的"不合理低价游""虚假预定客房或订单"等旅游业态热点，《暂行规定》做出了具体规定。

尽管《暂行规定》可以有效促进电子商务法的完善，但其还需加大调整力度，对适用范围和主体界定做出进一步明确。与此同时，目前条款对违法的处罚力度总体偏低，建议加大对一些问题的处罚力度，提高震慑力。

2. 健全旅游信用信息建设，建立旅游诚信评价和奖惩机制

（1）加大宣传贯彻力度

随着《黑名单管理办法》和"黑名单"模式的逐步推广，应当进一步明确联合惩戒的具体细节，辅以系列案例以便各旅游市场主体理解；通过公益广告、宣传册、旅游指南、广播等

多种形式，让更多旅游市场主体了解被纳入联合惩戒的情形及其相应的后果，推动旅游企事业单位自觉诚信守法、旅客安心休闲旅游的良好环境的形成；畅通投诉渠道，让更多旅客获悉旅游维权投诉举报及投诉处理程序，引导规范旅客进行合法维权；督促旅游市场主体在其经常营业地公开维权流程，以尽量使得旅客具备预先了解并掌握维权方法的条件，确保信息对称。

（2）健全旅游信用信息建设

加强旅游信用信息建设，扩大信息来源的边界，与 12301 旅游投诉平台、12315 消费者权益保护平台形成良性链接，确立一套覆盖旅游全行业、全领域内的旅游经营主体的诚信档案及公示制度，方便旅客进行查询，以彻底改变以往旅客一直处于信息劣势的地位，让渡出本就应由旅客掌握的旅游选择权与主动权。

还可以在旅游信用信息平台的公示力度方面充分利用手机的作用，更加有助于收纳与旅游信用信息公开、行政执法相关的信息，联系现代科技，使旅游信用监管体系取得愈加优异的成绩。

（3）加强跨部门体制机制保障

在仔细研究过《黑名单管理办法》之后发现：无论是认定旅游市场参与主体的失信情形，抑或是纳入、告知、公布、惩戒、公示期结束等环节，无一不需要相关单位、查处及公示程序、信用信息平台之间的有序衔接和跨部门协作。因此，为落实《黑名单管理办法》，加强跨部门体制机制保障，应当时时保持与人民法院、公安等部门的联动，建立全国旅游市场"黑名单"管理系统，最终基本建设完成与《黑名单管理办法》相关的配套服务体系。

与此同时，为落实《备忘录》的指示，亦需要强调跨部门协作的关键作用，与落实《黑名单管理办法》一致，必须促使相关单位、信用信息平台的有序衔接，让合法参与、诚信经营的旅游市场参与主体获得更加广阔的发展空间，进一步促进我国旅游市场井然有序。

（4）建立旅游信用评价体系和联合奖惩机制

根据旅游信用评价体系具有综合性的特征，旅游行政管理部门、相关行业主管部门、第三方评价机构等一同构建起旅游信用联合奖惩机制。根据旅游信用评价指标体系建立信用信息数据大平台，采用积分制度评价旅游信用指标。严格执行旅游信用公示制度，对守信"红名单"旅游市场主体在旅游资金支持、宣传营销、重点项目补助等方面给予优先政策，建立激励机制；对失信旅游市场主体采取重点审查、加强监管、取消优惠便利、取消荣誉、提高保证金等惩戒机制。另外，可对失信旅游市场主体设立主动纠错修复和提醒教育修复等修复机制。

3. 提升旅游综合执法效果

（1）明确旅游综合执法的职能

明确与规范旅游综合执法职能的要求，是跟旅游综合执法的深度延伸分不开的。旅游综合执法的深水区，需要细化每一个步骤。首先，要明确旅游综合执法的主体，赋予其相应的权限，制定并出台旅游综合执法的相关管理条例，从而建立长效的旅游综合执法机制。其次，要明确旅游综合执法的界限，探索出一种分离行政处罚调查权与决定权的综合执法机制，将旅游执法检查、投诉处理以及其他涉及旅客旅游过程的各个环节的执法，悉数纳入旅游综合执法的范畴。再次，要强调在旅游综合执法领域中的因地制宜，向财政部门申请设立专款专项以支持旅游综合执法的工作，更易于推进各成员单位各司其职、各部门之间的联动与协调配合，确保当地旅游行业向好发展。

（2）建设高素质的旅游综合执法队伍

各地应该进一步完善旅游市场综合治理体制，继续对旅游行政资源予以整合，加强各部门间的协调配合，组建一支具有强业务能力、高责任感的队伍充实到旅游综合执法中去，统一领导、统一安排、统一管理、统一考核，人员数量要保证旅游综合执法工作的正常开展。积极争取地方财政经费的支持，满足旅游综合执法的日常开支。

对旅游综合执法队伍中队员的日常和定期培训亦是必要的。讲师应当集中于相关行业内的专业人士，如相关领域内的专家学者、相关政府部门中的资深工作人员。培训的内容当然不能是支离的、无法形成上下联系的模块，而应是系统地分析旅游市场业态、行政执法等相关的法律法规，更加注重对于新兴执法方式、投诉处理模式的合理探讨，增强旅游综合执法人员的责任感、提高系统管理能力，最终达到提升办案质量的作用。

而细化且明确旅游综合执法中各个部门的责任也是不可或缺的。比照公务员相关法律法规的体制，可以认识到：完善旅游综合执法队员的考核、奖励、处罚、退出制度，研究出有利于旅游综合执法工作开展的工作模式才能创设好一支兼具专业性与高素质的旅游综合执法队伍。

（3）畅通维权渠道

加强旅游投诉及维权的监督平台建设，而旅游信用信息公开网站与有关部门联动的旅游投诉热线等亦是十分重要的维权通道。

为整顿和规范旅游市场秩序，丽江市旅游市场监管综合调度指挥中心定期对旅游市场查出的违法案件进行详细通报并予以公示。如丽江市一般，建立及时、高质量的投诉处理制度，做到于法有据、凡事有交代、件件抓着落，真切地使旅客的正当权利得到维护，方能让更多的旅客和旅游企事业单位等旅游市场参与主体敢于、善于运用法律武器来捍卫其合法权益，而失信的旅游从业人员及主体则无法逃脱法律法规的惩处，净化了文化和旅游市场，规范了行业监管工作，从而提升了游客满意度。

第六章　在线旅游市场的发展与监管

在线旅游是旅游业与互联网行业相融合的产物。中国在线旅游发端于 1999 年携程旅行网的成立。自进入 21 世纪以来，国内旅游需求持续旺盛，互联网技术迅速普及与革新，社会资本注入旅游行业的速度加快，这些优势条件的叠加推动了在线旅游经营行业的蓬勃发展。

根据部分在线旅游平台官方网站发布的信息，2019 年第三季度，美团公司在到店、酒店及旅游业务领域的交易额增长迅速，达到 639 亿元，比 2018 年同期的 494 亿元增长 29.4%。其中，在到店、酒店及旅游业务收入方面，2019 年第三季度为 62 亿元，比 2018 年同期的 40 亿元增长 55%。截至 2019 年 9 月 30 日，携程集团前三个季度的营业收入为 105 亿元，同比增长 12%。其中，2019 年第三季度净营业收入环比增长 21%，营业利润达 22 亿元，同比增长 52%。截至 2018 年底，途牛合作旅游服务供应商逾 16500 家，能够为消费者提供跟团和自助等打包旅游产品的超过 220 万种。截至 2019 年 3 月，途牛累计为超过 1.08 亿人次提供出游服务，共获得客户点评 600 多万条，产品综合满意度达到 93%。

在线旅游市场在快速发展，与其相配套的制度建设却相对滞后，导致在线旅游行业发展步入"非理性繁荣状态"。就供给方面而言，在线旅游企业数量迅速膨胀，但产品同质化严重，行业竞争激烈；盈利态势不明朗，行业持续发展令人担忧。就需求方面而言，市场秩序混乱、价格战的此起彼伏、产品信息不透明、"大数据杀熟"等侵犯消费者权益的事件层出不穷，消费者维权困难，造成消费者对在线旅游行业的信任危机。

因此，从监管的视角重新审视在线旅游行业的发展问题，通过制度规范的创新来引导在线旅游行业的发展，对于促进在线旅游行业的健康发展乃至整个国家旅游业的可持续发展具有重要意义。

一　在线旅游发展现状

（一）在线旅游行业的界定

目前学术界、实务界、官方对在线旅游并无明确的界定。根据文化和旅游部 2019 年 10 月 8 日发布的《在线旅游经营服务管理暂行规定（征求意见稿）》，在线旅游经营服务，是指通过互联网等信息网络从事旅游经营或提供相关服务的活动。在线旅游经营者，是指通过互联网等信息网络从事在线旅游经营服务的自然人、法人和非法人组织，包括在线旅游平台经营者、平台内经营者、自建网站或通过其他网络服务提供在线旅游经营服务的经营者。应该说，文化和旅游部对在线旅游经营者的界定，综合了学界、实务界、官方等方面的意见，具有较高的代表性。在本报告中，除非另有说明，笔者将以文化和旅游部对在线旅游经营服务的定义为基础，对在线旅游业、在线旅游经营者、在线旅游市场等主体、行业进行阐述、说明、论证。

（二）在线旅游行业发展的总体评价

在线旅游是旅游与信息化相融合的新生事物。对于在线旅游行业的发展状况，可以用文化和旅游部的官方说法作为例证。文化和旅游部在关于《在线旅游经营服务管理暂行规定（征求意见稿）》的起草说明中指出：近年来，我国在线旅游市场快速增长，在线旅游企业和平台的数量不断增多，方便了广大人民群众的出游，促进了旅游消费，带动了行业发展。但也要看到，个别企业和平台违反相关法律法规规定的情况时有发生，侵害了游客的合法权益，扰乱了旅游市场秩序，个别性质恶劣的案件更引起了社会的广泛关注，给行业健康有序发展带来了较大的负面影响，广大人民群众对此反应强烈，要求加强市场监管，规范市场秩序。在线旅游企业和平台既是线下旅游行业的服务主体，又是在线电子商务平台的经营者，具有双重身份，目前，国内的相关法律法规尚未对在线旅游市场规范做出明确规定，这给行业监管带来较大的难度。

（三）在线旅游平台的类型

根据当前在线旅游平台的业务范围、运行特点、发展战略等，我们可以将在线旅游平台分为以下几种类型。

OTA平台，即"在线旅行社"，是在线旅游行业的主要代表。旅游消费者通过网络向旅游服务提供商预定旅游产品或服务，并在网上或者线下付款，使各旅游主体可以通过网络进行产品营销或销售。平台直接面对消费者，消费者可以在网络平台上直接预订产品，这些平台包括携程、同程、途牛和去哪儿等。

旅游 B2B 平台，是在旅游产品批发商与零售商之间、旅行社内各个业务部门之间、旅行社和其他涉旅企业之间通过互联网技术，通过服务与技术紧密结合来实现产品、服务和信息交换，并为之提供相关保障服务、衍生服务的电子商务平台。这种平台是针对旅行社内部而不是直接面对旅游者的，大部分是用来查询订位、支付内部结算款、核对明细账，也就是将原来的电话、传真转变成系统订单，以系统确认为准，旅行社内部进行结算，这类系统平台的典型代表有八爪鱼、旅游圈等。

B2C 平台，即商对客平台。商对客平台是在线旅游经营的一种模式，也就是直接面向旅游者销售产品和服务的平台。这种形式的在线旅游经营一般以网络零售业为主，主要借助互联网开展在线旅游销售活动，即平台直接把机票、酒店等产品销售给旅游者，旅游者直接下单即可。它与 OTA 平台的区别在于，它不一定有旅行社实体，它只是个平台，客户下单后相当于与平台签订了"代办合同"，也就是说平台承担责任的前提是代办的服务存在问题，给旅游者造成了损失，不满足这个条件，就算旅游者有损失，代办人也不需要承担损失，这和旅行社签订的包价合同是完全不同的，其代表就是飞猪等平台。

旅游 O2O 平台，即"线上旅游电商平台＋线下实体旅游产品连锁超市""线上营销＋线下营销""线上查询预订支付＋线下旅行行程和目的地服务"。旅游百事通是其中最典型的代表。

（四）在线旅游平台的经营优势和存在的问题

虽然在线旅游经营类型多样，但是消费者最熟悉的、发展最快的无疑是 OTA 平台，有些游客也会比较熟悉 O2O 平台，而一般旅行社的业务操作，最经常使用到的是 B2B 平台。这几种在线旅游平台是目前旅游行业使用最普遍的平台，有的是面对广大游客的，有的是面对旅游企业内部的，其产生都是为了更加快捷便利地完成相关操作，化繁为简。如无特殊说明，本文所述的在线旅游平台一般是指 OTA 平台。

1. 在线旅游平台的优势

OTA 平台能得到高速的发展，是因为其改变了传统的旅游操作模式，不论是对旅游消费者来说，还是对旅行社来说，具有很好的操作便捷性。

20 多年前，传统旅行社是靠电视、报纸、广播等传统媒体做广告，游客在具备出游意愿后，会寻找旅行社咨询线路价格。旅行社的接待人员会打电话给相关线路的供应商，确认组团线路的人数、标准、空位等信息，然后报给游客，游客如果可以接受，就可以交钱报名并签订纸质合同。合同签完后，接待人员会发传真给供应商，写清楚线路明细内容，并与供应商盖章确认。在出行前或者出行后，旅行社财务审批并打结算款给供应商，直到游客行程结束，整个交易过程才算完成。从传统的操作方法可以看出，电话和传真确实非常必要，但并不是特别高效，对人员操作的依赖性很大，如果经办人员漏发传真，供应商又没有确认，那么游客出行就可能会有问题。

在线旅游平台完全改变了传统的旅游者出行操作的模式。

借助在线旅游平台，旅游者自己只需要有一部智能手机或联网电脑，就可以上网查询产品，旅游产品可以是跟团游，预订机票、酒店、机票＋酒店，或者订制线路。无论是手机还是电脑，旅游者通过聊天软件可以快速咨询详细情况，然后按照自身的需求来下订单。操作界面也非常简便，旅游者只要按照界面提示一步一步操作即可，直到最后确认金额，直接付款，订单便可以生成，短信也会发到游客的手机里，短信甚至是一份很详细的出发通知和注意事项。在线旅游平台的运行模式，完全抛开了旅游接待人员、电话、传真以及现金等环节，非常受现代消费者，尤其是中青年人的喜爱。除了操作简便以外，各个平台里设立的产品丰富、种类繁多，能满足游客的个性化需求，这也是在线旅游平台受游客喜爱的主要原因之一。目前，在国内比较有影响力的三大在线旅游平台是携程网、途牛网和同程网。

携程网，目前是各大在线旅游平台中体量最大，也是唯一不断盈利的企业。携程网从最初的起步，发展到如今的规模，是有可圈可点之处的。携程网于 2018 年 3 月发布年报，数据显示，携程网 2017 年全年净营业收入为 268 亿元，同比增长39％；公司 2017 年全年营业利润率为 11％，这与携程各业务线的稳健增长及全球化战略的成功密切相关。

途牛网，前期经历了快速发展的阶段。自 2014 年登陆纳斯达克后，途牛网的广告投入消耗了大量的资金。2015 ~ 2017 年，途牛网连续 3 年亏损。途牛网发布 2018 财年第一季度财报显示，净亏损 7160 万元。但是可以看到，这个数字比 2017 年的同期大幅下降，途牛网的一些业务板块正在逐步站稳脚跟，体现出自己的成长性。

同程网，从 2014 年开始每个月都在亏损，一直到 2017 年 7 月，亏损 43 个月之后，才逐渐开始扭亏为盈，其中过程艰辛。同程网在发展期间也想过变革，例如并购线下实体旅行社、自己开旅行社门店等，但是由于种种原因，并购又退出，开了门店又大量关门。同程网的发展，还要看其之后的融资和盈利点。

从这些在线旅游平台的发展过程，我们发现在线旅游平台的盈利模式主要有以下几点：①供应商的广告费；②网站极力压低供应商的结算价赚取差额（包括机票、住宿、景点、车队和旅行社等）；③吸引或者用比较隐蔽的方法让游客二次消费或者附加消费，比如保险、接送等。当然这部分消费在市场越来越规范的前提下，已经成为供消费者自由选择的项目。

2. 在线旅游平台发展中的问题

对照现行旅游法律、法规，在线旅游平台在运行、发展中也存在着下列问题。

（1）在线旅游平台的市场准入和认证监管滞后

目前在线旅游企业认证一般涉及以下几种：一是经营性网站备案信息，由工商行政管理局登记备案；二是 ICP 备案信息，由工业和信息化部门登记备案；三是网站备案信息，由公安机关登记备案；四是诚信类评级认证，主要是指由第三方机构颁发和准用的企业诚信证书或者标识；五是旅行社业务经营许可证信息，主要是指文化和旅游行政部门颁发的旅行社业务经营许可证。

在线旅游企业服务内容与服务对象的多元属性，使得对这类企业的规制存在"多头管理"的问题，导致相关政府机构不能对在线旅游企业准入进行有效监管。大量企业盲目进入在线旅游市场，但服务能力与质量参差不齐，扰乱了正常的市场竞争秩序。在相当长的一段时间里，在线旅游行业缺少专项的管理规范与标准，致使许多低劣的在线服务企业获取了不当收益。

2013 年 10 月出台的《旅游法》中明确规定"通过网络经营旅行社业务的，应当依法取得旅行社业务经营许可，并在其网站主页的显著位置标明其业务经营许可证信息"，但许多网站目前仍没有公布其业务经营许可证信息，甚至假借知名旅行社品牌设立网站，这些旅行社网站的经营者部分是旅行社门市，部分则是非法旅行社。仅凭旅行社网站的域名和页面本身，很难辨别网站所依托的旅行社的真伪。这种情况的存在，客观上为假借知名旅行社品牌设立非法旅行社网站、扰乱在线旅游市场秩序等提供了可能。

（2）对旅游产品第三方交易平台的监管缺失

根据《旅行社条例》，第三方平台从事旅游产品在线经营等相关业务，应当办理旅行社业务经营许可证。但相当数量的在线旅游平台，由于没有取得旅游产品经营资质，未被纳入旅游监管部门的管理体系中。同时，由于在线旅游平台缺乏来自监管部门对加盟"网店"基础数据的支撑，加盟旅游产品经营商（网店）资质审查的真实性缺乏有效判断。游客通过链接实现旅游产品交易，在提供服务的旅游产品经营网站上完成购买、支付、签署合同及反馈、投诉等行为，垂直搜索网站无法监控交易的整个过程。旅游产品团购网站不能有效满足旅游产品经营的管理需求，所发布的团购旅游产品存在质量隐患。此外，团购网站与游客在交易中不能提供正规发票，缺少签署旅游合同的环节，游客维权困难，旅游监管部门在事后也很难对其进行处理。

（3）二次消费、附加消费成惯例

由于在线旅游平台有一些默认的二次消费，游客第一次在网站上无意中被强迫了二次消费或者附加消费后，会发现最终价格其实并不便宜，于是对平台的信任度降低，甚至部分游客选择不再使用。根据笔者与相关平台经营人员的沟通，附加消费已经成为各个在线旅游平台赚取利润的常见手法，平台之间唯一的差别只是使用的程度与频率，而不是是否使用。

（4）各销售环节服务规范和标准缺失

在线旅游服务起步于机票和酒店预订，这些标准化的产品使得早期服务提供者没有设立比较完善的服务规范和标准。很多网站提供的机票预订服务，只是将普通代理的销售渠道从线下换至线上，并没有在售前、售中、售后等环节提升服务品质，也没有进行服务的整合。从售前、售中环节来看，游客在线购买旅游产品时，一般不与网站签署合同，而与提供线下服务的旅行社签署纸质合同。由于在线旅游交易的异地性，签署书面合同较为烦琐，通常以网上交易记录作为凭证，对于旅游者而言，只有在线支付或预付费用才被默认为与在线服务企业确立了交易关系。目前我国网络预订酒店在流程和机制设置上，尚缺乏事前的"预付费机制"和事后的"酒店违约处罚机制"，从而出现酒店因客人违约而遭受损失、顾客因为酒店满员而无处可住的局面。从售后环节来看，在线旅游投诉也日益成为旅游投诉的主要来源，这主要体现在产品无法使用（如到店被告知客房已满等）、报价不实、虚假折扣、服务和产品质量与描述有差异，甚至机票预订存在欺诈等方面，例如一些中小代理利用一些非正规渠道获取较低价格的机票，而此类违规机票一旦被发现将会被航空公司随时取消，旅游者权益无法得到保障。

（5）在线旅游行业信任基础薄弱

风险较大和信任缺失是阻碍在线旅游行业发展的主要因素，也是困扰在线旅游用户规模增长的难题。在线旅游交易的实现需要在线旅游企业与旅游产业链其他环节进行有效协作。然而，针对携程网、去哪儿、同程网等国内知名在线旅游企业的投诉事件不断涌现，负面舆情时常成为媒体的头条，引发社会的广泛关注，甚至是高层的批示。网络信息传播的便捷、快速，负面新闻的扩散，使旅游者对在线旅游行业的信任基础进一步削弱，严重阻碍了潜在消费者向实际消费者的角色转换。

（6）在线用户权益难以维护

在线旅游交易多属于虚拟交易，由于相关法制建设的不健全，在线旅游投诉事件追责困难，在线旅游用户的权益难以维护。从旅游者视角来看，在线旅游企业应负责解决投诉，然而，旅游经营网站特别是第三方平台则认为，自身对旅游服务供应商约束力和牵制力弱，且没有制裁标准，难以对供应商做出制裁。从政府规制主体视角而言，由于缺乏相应的在线旅游投诉处理政策和标准规范，这类投诉一般交由旅游主管部门或市场监管局视具体情况进行裁决。从企业的客户服务角度来看，少数在线旅游企业网站如携程网、途牛网等建立了完善的售后回访制度；而有些在线旅游平台在旅游产品交易过程中，因不参与旅游产品的预订、收款、签署合同等环节，基本没有客户关系的维护及管理行为。

（7）缺乏有效的市场退出机制

我国在线旅游经历长时间的不规范发展，在线旅游企业质量参差不齐。相当数量的劣质企业运营不规范，欺瞒旅游用户，浪费了在线旅游资源，扰乱市场秩序，诱发在线旅游用户的信任危机，优质旅游企业频繁陷入"价格战"泥潭，竞争的结果往往是已有的在线旅游用户在不同旅游企业之间流动，对于潜在用户进入在线旅游市场的吸引力有限。过多的在线旅游企业并不利于在线旅游行业的长远发展，但是目前在线旅游市场缺乏有效的退出机制，一些低劣企业退出是市场选择的结果，而这些企业在退出市场之前往往已经对市场的有序运行造成了一定程度的破坏。因此，单纯依靠市场力量促使劣质企业退出市场见效缓慢，依靠政府规制则可取得较为快捷的效果。

二 现行法律、法规对在线旅游平台的规制

现行法律法规针对在线旅游经营平台的规制，分为行政法律规制和民事法律规制。行政法律规制主要承担证照审核义务，民事法律规制主要承担信息披露、采取必要措施的义务。

（一）现行法律法规对在线旅游平台实施的行政规制及理由

行政法律规制主要承担在线旅游平台经营者对平台内经营者的资质审核义务以及规定审核不力、信息报告方面的法律责任。《电子商务法》第二十七条规定："电子商务平台经营者应当要求申请进入平台销售商品或者提供服务的经营者提交其身份、地址、联系方式、行政许可等真实信息，进行核验、登记，

建立登记档案，并定期核验更新"。现行法律法规要求在线旅游经营平台对平台内旅游经营者的资质进行审核的规定，仅能在最低限度的合法性层面发挥作用，与规制所要实现的目的效果相差甚远。在客观上，平台是有可能通过大数据、关键词抓取等信息技术，对平台内经营者实际经营的业务与其提供的证照核定的业务范围进行比对，从而实现审核。但这意味着较高的成本投入，对在线旅游经营平台的业态创新、发展将会产生抑制作用。

（二）现行法律法规对在线旅游平台实施的民事规制及其理由

民事法律规制措施包括经营者信息披露的义务、及时采取措施的义务以及未履行相应义务应承担的法律责任。经营者利用平台从事违法经营活动，损害旅游者权益时，平台该承担何种民事义务和责任。《电子商务法》第三十八条规定："电子商务平台经营者知道或者应当知道平台内经营者销售的商品或者提供的服务不符合保障人身、财产安全的要求，或者有其他侵害消费者合法权益行为，未采取必要措施的，依法与该平台内经营者承担连带责任。对关系消费者生命健康的商品或者服务，电子商务平台经营者对平台内经营者的资质资格未尽到审核义务，或者对消费者未尽到安全保障义务，造成消费者损害的，依法承担相应的责任"。一方面，虽然在线旅游经营平台内的经营者可能会损害旅游者的利益，但基于诚实信用的原则，旅游者有理由相信平台至少不会容忍违法经营者的存在；另一方面，不得不承认，平台并无能力及时发现某些违法的经营行为。在此种情形下，立法者如何选择是一个价值判断问题，是一个立法的选择问题。一方面要体现对旅游者权益的保护力度，另一方面要体现对"互联网＋"创业问题的宽容限度，面对这两种利益冲突，立法者在理论上有多种规制方案可以选择，但立法者最终选择了"相应的责任"方案。从利益衡量角度来看，立法者的天平偏向了互联网产业的发展。立法者认为，从义务设定的原理来看，如果平台客观上没有能力及时发现违法行为，立法者也不能强人所难，不能针对其没有能力的事项设定义务、苛以责任，更何况在线旅游经营平台所属的电商是中国经济发展的大方向，是国家要大力扶持的。由此，在近期，立法者不可能对其设定较为严苛的连带责任。在未来，随着在线平台所属的电商产业的日益成熟、发展，消费者权益保护运动的日益兴起，立法者的天平也有可能再次向消费者倾斜。

三　现行立法对在线旅游平台规制存在的问题

现行立法对在线旅游经营者的适用范围缺乏明确的界定。适用范围是指立法调整的对象。如果某一主体属于法律的适用范围，其行为则应遵守该法确定的行为规范，承担相应的法律责任。根据现行的《电子商务法》《旅游法》《旅行社条例》、《旅行社条例实施细则》的规定，我们无法将现行实际从事在线旅游经营服务的主体，如在线旅游平台经营者、在线旅游平台内经营者、自建网站或通过其他网络服务提供在线旅游经营服务的经营者，全部纳入其中，对其行为进行规范，对扰乱旅游市场秩序、侵害旅游者权益的行为进行惩处，要求其承担相应的法律责任。同时，根据现行立法的规定，一线执法人员对于一些借助于网络从事单项旅游服务，如交通、住宿、餐饮、演艺、娱乐、中医、养生、康体等项目的市场主体，是否应纳入在线旅游经营监管范围表示不确定。

现行立法对在线旅游经营平台的行为规范、法律责任缺乏明确界定。对于在线旅游经营平台而言，现行的法律法规对哪些主体应取得法定许可，其经营管理应遵循哪些行为规范，应承担哪些行政义务，是否应履行资质审核、提示、预警、监督、处理、报告、保险等相关义务；对损害旅游消费者的人身财产安全应承担什么法律责任等，缺乏明确的规定。

现行立法对旅游者自损、不可抗力、第三人损害等情形下在线旅游经营平台的法律责任缺乏明确的界定。旅游者自损，是指旅游者自身故意、过失等导致自身人身、财产受损。不可抗力，是指无法预见、无法克服、无法避免的情形。第三者损害，是指在线旅游经营者、旅游者之外的第三人之侵害，导致旅游者人身、财产受损。当出现上述情形时，在线旅游经营平台是否应承担法律责任、承担哪些责任，现行法律、法规、司法解释缺乏明确的规定，对于在线旅游经营平台的发展、顺利解决相关旅游纠纷十分不利。

四　促进在线旅游平台健康可持续发展的对策

根据前述分析可知，现行的相关规制体系不能有效满足在线旅游市场健康可持续发展的需求。在线旅游市场也面临因规制缺失带来的风险。文化和旅游主管部门应根据国家现行相关法律、法规，结合在线旅游经营的实际，通过制定规章、规范性文件的形式，逐步引导，明确在线旅游经营平台的设立资质，组织编制实施在线旅游服务标准，促进在线旅游经营平台规范经营。建立明确的经营规则，加强市场监管，应用多种管理手段分层分级管理，在经营许可资质管理的基础上，应用认证、评级手段，扶优汰劣。

（一）明确在线旅游经营服务的含义及外延

明确在线旅游经营服务的含义，确定在线旅游经营服务者的外延，是规制在线旅游经营服务行为、确定在线旅游经营者法律责任的前提，也是确定监管职能部门的必要条件。对此，文化和旅游部发布的《在线旅游经营服务管理暂行办法（征求意见稿）》（以下简称《暂行办法》），第二条规定：在线旅游经营服务，是指通过互联网等信息网络从事旅游经营或提供相关服务的活动。对此，笔者认为，该《暂行办法》对于现在旅游经营服务的界定，依然不够明确、清晰。笔者建议在线旅游应确定为旅行社业务，即从事招徕、组织、接待旅游者等活动，具体内涵依据《旅行社条例实施细则》确定。对于单纯的交通服务、住宿服务、餐饮服务、演出服务、娱乐服务、康体服务等单项服务，即使借助于网络平台，也不属于在线旅游经营服务，应接受其他法律、法规的规范。

在此基础上，确定在线旅游经营者的外延。《暂行办法》第三条规定：在线旅游经营者，是指通过互联网等信息网络从事在线旅游经营服务的自然人、法人和非法人组织，包括在线旅游平台经营者、平台内经营者、自建网站或通过其他网络服务

提供在线旅游经营服务的经营者。平台经营者，是指提供在线
旅游经营服务的网络经营场所、发布相关信息和提供交易机会
等服务的法人或非法人组织。平台内经营者，是指取得文化和
旅游行政部门许可，通过平台经营者从事旅游服务活动的法人。
对于《暂行办法》有关在线旅游经营者外延的界定，笔者持赞
同态度。

　　明确规定在线旅游经营者应建立应急机制，切实保护旅游
者的人身、财产安全。旅游活动，由于其身处异地，涉及交通、
住宿、游览多个环节，受天气、降水、大风等自然因素以及社
会骚乱等人为因素影响大，旅游者信息缺乏，容易慌乱，其人
身、财产受损的概率，较之于其常住地更大。《暂行办法》还确
立了在线旅游经营者建立应急机制的义务。对此，笔者持赞同
态度。笔者认为，从维护旅游者安全的角度，以及在线旅游经
营者的自身能力、获益情况来看，在线旅游经营者应建立应急
机制，通过舆情搜集、目的地警示等方式，结合具体旅游活动，
及时排查旅游产品和服务中的安全隐患，切实做好旅游安全宣
传、风险预警与防范、应急处置等工作。

　　明确在线旅游平台的内容审核义务。不少旅游经营者在平
台上发布的旅游信息，明显存在不规范甚至违法的情形，如发
布的国家地图不完整、违背社会主义核心价值观、违背中国公
序良俗的表演等。对于上述情形，相关法律、法规虽有规定，
但对于在线旅游经营而言，缺乏针对性、明确性。为此，《暂行
办法》明确规定：平台经营者应当对上传至平台，以文字、图
片、音视频等形式展现的全部信息内容进行审核。发现法律、
行政法规禁止发布或者传输的信息，应当立即采取必要措施，

防止信息扩散，保存有关记录，并向有关主管部门报告。鼓励采用先审后发的管理制度，确保平台信息内容安全。

（二）明确在线旅游平台自身的监管义务

在线旅游平台的经营方式与线下实体机构的经营存在较大的差异。在线旅游平台对旅游业的发展具有强大的影响力，应充分发挥在线旅游平台及平台内经营者的作用。

为此，建议国家通过规章的形式，加强对平台内的经营者进行动态监管，发现平台内经营者存在违反旅游合同、侵害旅游者人身财产权益、旅游者集中投诉、旅游目的地出现突发事件等情况时，应当立即启动应急预案程序，监督、配合和辅助平台内经营者实施有效的应对措施，以保护旅游者合法权益。

（三）明确在线旅游经营的行为规范

对虚假预定行为进行严肃查处。虚假预定是指在不存在相关服务产品、项目的情况下，相关经营者为牟取非法利益，向消费者谎称存在相关服务产品、项目；在旅游者实际预定、付款后，以相关服务产品、项目销售完毕诱导消费者退款或改订价格高昂的其他产品的行为。对此，国家应明确规定，在线旅游经营者为旅游者提供在线预订酒店、机票、火车票、船票、车票、场所门票等产品或服务时，应当建立透明、公开、可查询的预定渠道，不得误导旅游者，不得以任何方式进行虚假预定。

严格禁止并严厉打击借助于网络平台开展不合理低价游的

活动。不合理低价游，是指为牟取非法利益，通过以低于行业、区域指导价的不合理低价，吸引旅游者参与旅游活动，并在活动中通过强迫购物、自费旅游项目等方式，侵害旅游者合法权益的行为。不合理低价游，借助于网络平台，对于一些缺乏旅游常识、贪图小利的消费者，具有较大的吸引力。为此，国家不仅应在线下，还应借助于网络推广对从事不合理低价游的行为进行严格禁止、严厉打击。

保障旅游者的正当评价权利。平台经营者应当保障旅游者的正当评价权，不得非法删除、屏蔽旅游者对平台服务及其提供的产品和服务的评价，不得误导、引诱、替代或强制旅游者做出评价。

旅游经营者应对旅游消费者的信息进行登记。在线旅游经营者在与旅游者签订合同或确认提供服务时，应当依法要求旅游者提供真实身份、联系方式、紧急联络人等信息。旅游者拒不提供真实身份信息或提供虚假信息的，在线旅游经营者不得为其提供服务。

（四）明确在线旅游经营者对监管部门的数据协助义务

国家旅游法、旅行社条例等法律、法规明确授予国家文旅管理部门拥有监管职责。它们对旅游市场进行有效的监管，就必须拥有及时、准确、真实的信息。在今日的网络社会、数字社会，政府相关部门要获取旅游市场相关信息，必须得到在线旅游经营者的帮助、协助。因此，在线旅游经营平台应当对文旅及相关部门的市场监管承担相应的数据协助义务。当然，文旅及相关部门在获取在线旅游经营平台提供的数据后，负有保密的义务。

（五）明确在线旅游平台的投诉处理及协调义务

在线旅游经营者应当在显著位置公示 12301 全国旅游服务热线等举报投诉电话，建立完善的纠纷处理机制和预警公示制度。在线旅游经营者在接到旅游者投诉、举报之后，应当及时核实情况并采取必要措施，积极协助旅游者维护合法权益。涉及旅游者生命安全等重大危险或隐患的举报和投诉，在线旅游经营者应当立即采取紧急救助、上报主管部门、全面协助调查等必要措施予以处理。旅游者投诉时，可以选择向在线旅游经营者注册地、实际经营所在地、服务器所在地、旅游合同签订地和旅游目的地的任一县级以上文化和旅游行政部门进行投诉。

明确在线旅游经营平台的纠纷协调义务。纠纷协调是指在旅游者通过在线旅游经营平台与平台内经营者订立旅游合同发生了纠纷，或者在履行旅游合同中出现人身财产损害，在线旅游经营平台应该对纠纷的解决进行协调。

（六）明确在线旅游经营者的报告义务

在线旅游经营者的报告义务是指在线旅游经营者发现以下情况，应当立即向县级以上文化和旅游行政部门报告。①存在重大违法、违约或严重侵权情况的；②造成旅游者多人伤亡的；③存在严重人身伤害隐患的；④导致群体性事件的。

通过在线旅游经营者的及时报告，文化和旅游等相关管理部门才能及时了解、掌握旅游市场动态、发展趋势等，才能及时予以介入，对相关问题进行处理。

（七）对在线旅游经营者实施信用监管

信用监管是新时期市场监管的有效手段，其借助于信用联合惩戒措施，通过对严重失信者的联合惩戒、处处受限等，引导市场主体依法经营、诚信经营，构建良好的市场秩序，维护消费者合法权益，促进经济与社会的健康可持续发展。

对于在线旅游行业而言，信用监管也是治理行业乱象、促进行业健康发展的有效抓手。为此，建议国家对在线旅游行业建立信用档案，将在线旅游经营者市场主体登记、行政许可、抽查检查、列入经营异常名录或严重违法失信企业名单、行政处罚等信息依法列入信用记录，向人力资源和社会保障、交通、公安等相关部门共享信用信息，对严重违法失信者实施联合惩戒措施。

同时，为了充分发挥信用监管的效用，建议国家除通过全国旅游监管服务平台统一归集并依法公示信用信息外，还可在官方网站、在线旅游经营者首页显著位置等公示信用信息。

（八）构建在线旅游市场监管标准体系

出台在线旅游市场监督管理规范、在线旅游投诉受理规范、在线旅游合同标准规范等，充分发挥旅游监管部门对在线旅游市场的监督、指导作用。在线旅游市场缺少关于在线旅游产品交易标准。产品交易标准有助于旅游产品经营网站对旅游产品的信息组织结构、信息组织方式、信息描述、信息交换等采取规范性的模式和接口，方便不同旅游产品经营网站之间在旅游产品同业协作、批发零售等方面展开合作。在线旅游市场缺少旅游产品第三方交易平台标准、在线旅游市场交易规范等标准，此类标准有助于旅游产品经营网站更好地对加盟旅游企业进行规范和管理，有助于游客得到规范的交易服务，降低交易双方的风险。

（九）明确在线平台对在线经营者的资质审核义务

无论在线下还是在线上，除小额的农副产品、土特产品外，任何向消费者提供服务、商品的商家都应该具有法定的资质。就在线旅游经营平台内的经营者而言，其向旅游者销售的产品有机票、酒店住宿、非标准住宿、旅游娱乐等服务，具有数额较大、对旅游者人身财产安全有直接影响等特点。以酒店住宿业为例，酒店经营须具有行业许可证、消防验收证书、公共卫生许可证等证书。没有上述许可证或者许可证超过法定期限的，不得对外营业。对此，作为交易撮合方的在线旅游经营平台，须依法对线上的酒店经营者的资质进行审核。

（十）明确相关部门对在线旅游经营平台的数据比对协助义务

要切实保障旅游者的安全，对平台内经营者的证照实施现场审核、定期审核。但是由于在线旅游经营平台内经营者的数量庞大、地域分散等，现场定期审核成本显然过高。由此，在实践中，销售业务的经营者向旅游经营平台上传相关证照的扫描件，在对相关信息进行核对无误后方可允许其上线经营。但是相关证照信息的审核需要与前述相关政府管理部门进行比对验证。

（十一）明确在线旅游经营平台对在线经营者的监管义务

从法理的角度来看，在线旅游经营平台与平台内经营者之间是平等的经济关系，平台为经营者提供交易平台及相关支付服务，并向其收取服务费用；经营者借助于在线旅游平台发布、展示、销售相关服务，并向平台缴纳相关服务费用。但是从现实情况看，在线旅游经营平台借助于自己强大的信息、数据以及对相关配套服务的控制能力，可以对平台内的经营者发挥监督、惩戒和管控作用，不仅可以提高旅游市场监管的效率，还体现了平台的社会责任，有利于旅游业的健康可持续发展。

（十二）构建包容的平台侵权责任体系

应从规则构建和规则适用的层面积极地趋利避害，完善谨慎追责的法律规范，探索兼顾创新权利保护的裁判基准，形成包容的体系化应对格局，跨越平台侵权责任的鸿沟。

（十三）建立在线旅游行业服务质量评价与公示制度

服务质量评价与公示制度是促进在线旅游行业提升服务质量、旅游者消费满意度的重要创新，是社会力量介入旅游治理的重要抓手。为此，建议国家明确规定消费者组织、行业协会、第三方机构等开展服务质量评价，并公开评价结果，引导理性消费。

在线旅游的出现和崛起是对中国旅游市场的一次洗礼。但是高质量的服务永远不该是让人与冰冷的机器打交道，不应该是利用自己的技术、数据、资本、地位之优势，借助于附加消费、差异化收费等方式，侵害旅游者的合法权益。从资本的本性而言，赚取利润是其唯一动机。但旅游业要良性发展，就必须保护旅游者的合法利益，否则，旅游业的发展将失去基础。保护旅游者的合法权益，不能只靠媒体监督、旅游者的投诉，必须要有政府的监管。

对于在线旅游而言，政府必须适应新形势，以《旅游法》《电子商务法》等法律法规为基础，根据在线旅游业的特点，借鉴交通、食品等行业的监管经验，广泛听取社会意见，采取相应的监管手段、监管措施，促进在线旅游业科学、健康地发展。当然，政府制定的在线旅游平台监管规则，其实质也是立法，必须遵循科学立法、民主立法、依法立法的原则，才能实现在线旅游领域的良法。有了在线旅游领域的良法，通过后续的严格执法、公正司法、全行业守法，才能建立在线旅游领域的现代治理体系，落实现代化的治理，实现中国旅游业的高质量发展。我们期盼着这一天早日到来。

第七章　旅行社市场监管

近年来，我国旅游业保持平稳快速发展，产业和产品结构不断优化，其在国民经济中的地位和作用逐渐增强，已成为国民经济战略性支柱产业，旅游业对国民经济的综合贡献度达 11% 左右。国内旅游、入境旅游、出境旅游全面繁荣发展，中国已成为世界最大的国内旅游市场、世界最大的国际旅游消费国之一。

2019 年上半年，旅行社组织国内旅游 7773.36 万人次、22784.40 万人天，接待 7812.08 万人次、18721.04 万人天；组织出境旅游 3067.50 万人次、15469.19 万人天；进行入境旅游外联 597.10 万人次、2149.09 万人天，接待 856.16 万人次、2624.56 万人天。[①]

据文化和旅游部关于 2019 年全国旅行社统计调查报告，到 2019 年 6 月，全国旅行社总数为 37794 家。[②]

这些数据显示，我国旅行社数量仍然在继续增加，消费者依然需要旅行社，跟团游仍然是国内游、出境游的重要选择。随着消费者的需求和消费渠道的变化，小型团、私家团成了新的刚需，在线私人定制游的数量也成倍增加。

---

① 《文化和旅游部关于 2019 年上半年全国旅行社统计调查报告》。
② 《文化和旅游部关于 2019 年上半年全国旅行社统计调查报告》。

一　2019 年旅行社市场监管总体情形

经过几十年的快速发展，我国旅游业正在进入提高管理服务水平、提升旅游品质的大众旅游新阶段。旅行社是整合旅游要素的龙头企业，也是服务质量问题比较集中的领域。为进一步提高旅游管理服务水平、提升旅游品质、推动旅游业高质量发展，文化和旅游部于 2019 年 1 月发布《关于实施旅游服务质量提升计划的指导意见》，将提升旅行社服务水平作为其中的重要一项内容，对行政管理部门、旅行社以及行业组织都提出了新的要求。

（一）旅行社承担行政责任的总体情形

为完善旅行社退出机制、提升旅行社服务质量，旅游管理部门开展了依法依规清理不缴纳旅行社质量保证金、长期未经营业务和违法违规的旅行社的专项治理活动，自 2019 年 2 月起到 11 月，文化和旅游部先后发布 9 批公告，共取消 66 家旅行社的出境游业务、注销 22 家旅行社的旅游相关业务，令这些旅行社承担了相应的行政责任。

2019 年 11 月 28 日，文化和旅游部发布全国旅游市场黑名单，将"桂林市一导游强制要求游客一小时花两万元"新闻事件中的涉事旅行社总经理冯某和导游赵某某两人列入黑名单，有效期为 3 年。其中，冯某担任主要负责人的旅行社被吊销业务经营许可证，赵某某被吊销导游证。

近日，海南省海口市旅游和文化广电体育局下发《行政处罚事先告知书》，海南任羿行旅行社有限公司涉嫌不合理低价组织旅游活动，拟对该旅行社处以 8 万元的行政处罚。

在以上事件中，旅行社承担的责任是行政责任。旅行社的行政责任是指旅行社实施违反行政义务的行为所必须承担的不利性后果，旅游行政处罚是主要的行政责任承担方式，包括警告，罚款，没收违法所得，暂停或者取消出国（境）旅游业务经营资格，责令停业整顿，暂扣或者吊销导游证、领队证，吊销旅行社业务经营许可证以及法律、行政法规规定的其他种类。

1. 旅行社承担行政责任的特点

（1）大量的违法行为导致旅行社承担行政责任

为了对 2019 年全国旅行社违法行为有总体的认识，笔者查阅了全国各省市几十个文化和旅游相关机构官网的旅游投诉信息，发现在游客针对旅行社的有效投诉中，十之八九是由旅行社的违法行为所致，而且数量相当庞大。

如北京市文化和旅游局官网的信息显示，2019 年前三个季度旅游投诉公示共 2010 件，涉及旅行社投诉 1644 件，占总投诉量的 81.8%，其中出境游占到了一多半，投诉共涉及旅行社 404 个。① 据广东省文化和旅游厅官网统计，2019 年上半年旅游投诉共 3729 件，涉及旅行社投诉 1938 件，占总投诉量的 51.97%。② 据天津市文化和旅游局官网统计，2019 年前三季度涉及旅行社的投诉也达到 1948 件。

大量违法行为的存在，说明许多旅行社的经营活动尚未规

---

① http：//whlyj. beijing. gov. cn/scjg/cxgs/201910/t20191012_ 477680. html.

② 广东省文化和旅游厅官网。

范，甚至游走在法律边缘，导致整个旅行社的服务质量低下、游客的满意度不高，从而对旅游市场造成不利的影响。

（2）旅行社承担行政责任多由不规范经营所致

统计数据显示，北京市主要投诉热点集中在降低质量标准问题、导游领队服务问题、购物及自费项目问题以及行前解约问题等。① 广东投诉热点主要集中在投诉旅行社强迫或诱骗购物、降低等级标准、退团不当扣费、擅自变更行程、导游未尽职责、不可抗力因素、擅自增加自费项目等问题。② 而天津市的投诉热点主要集中在购物纠纷、入境拒签、服务不达标、强迫购物以及假冒电商诈骗等领域。③ 据分析统计，旅游购物问题、导游服务质量问题以及电商平台相关问题已成为旅游投诉的主要问题，除此之外，随着出境游人数的增加，与出境游相关的投诉数量也在逐年增加。2017 年无锡市旅游部门在受理的投诉案件中，出境游纠纷占到了 43%。④ 2017 年南京市第一季度出境游投诉 43 件，占全部投诉的 60.56%，理赔达 149262 元。⑤ 长沙市旅游质监所统计显示，在 2018 年的投诉中出境游投诉高于国内游投诉，占比为 59%；同时线上企业投诉多发，如湖南熊妈妈国际旅行社，2018 年投诉 12 起，因暑期投诉增多被行政约谈。⑥

---

① http：//whlyj. beijing. gov. cn/scjg/cxgs/201910/t20191012_ 477680. html.

② 广东省文化和旅游厅官网。

③ 天津市文化和旅游局官网。

④ https：//baijiahao. baidu. com/s？ id = 1592341870426853788&wfr = spider&for = pc，访问日期 2019 年 11 月 3 日。

⑤ 南京文化和旅游局官网。

⑥ http：//www. myzaker. com/article/5b8fd6f31bc8e09752000044/访问日期 2019 年 11 月 3 日。

（3）大多数的旅行社违法行为受到行政机关处罚

旅行社承担行政责任的来源有两种：一种是通过旅游监管机关或其他行政机关的行政行为来确定对违法主体的处罚方式；另一种是通过法院判决或裁定等令旅行社承担行政责任。在实践中，旅游管理部门做出的行政处罚占到大多数，且多是由不规范经营所致。

2. 旅行社承担行政责任的法律依据

在市场管理中，令一个行政相对人承担行政责任的基本原则是行为人存在违反行政法律义务的行为以及存在承担责任的法律依据，即通常所说的行为人存在违法行为以及有明确的法律处罚规定。从法律层面上来看，旅游领域行政监管法律文件众多，不同层级的法律文件并行存在，地方新规亦如雨后春笋。具体而言，有关旅行社监管的法律文件主要包括以下几种。①法律层面：《旅游法》；②行政法规：《旅行社条例》（2016）、《旅行社条例实施细则》及《导游人员管理条例》（2010）；③部门规章：《旅游行政许可办法》（2018）、《旅游安全管理办法》（2016）、《导游管理办法》（2017）、《旅游行政处罚办法》（2013）、《旅行社责任保险管理办法》（2010）、《中国公民出国旅游管理办法》、《旅游投诉处理办法》（2010）。

另外，迄今为止，我国 32 个省、自治区、直辖市均制定了地方旅游管理条例，旅行社管理为其中的重要内容。

以上这些法律规范性文件为旅游行政部门行使职权，规范、管理旅行社等市场主体提供重要的法律依据，也是旅行社承担相应的行政责任的法律依据。

通过梳理调整相关规范性文件，我们发现旅行社承担行政责任主要有以下几个方面。①

经营资格有瑕疵的，即非旅行社未经许可经营旅行社业务；国内旅行社超范围经营出境游、边境游、赴台游业务；旅行社出租、出借、转让旅游资质；旅行社受让或者租借旅游资质；无证经营高风险旅游项目。

分支机构问题，具体包括：分社超范围经营；营业网点、门市部、营业部超职能经营；服务网点超出经营范围招徕旅游者、提供旅游咨询服务；办事处、联络处、代表处等从事旅行社业务经营活动。

合同瑕疵类，主要包括包价旅游不签订书面旅游合同；包价旅游合同未载明法定事项。

购物类，包括：旅行社不合理低价；强迫购物、诱骗购物、指定购物、强迫自费；旅行社擅自在合同约定之外提供其他有偿服务；旅行社对同一旅游团队的旅游者提出与其他旅游者不同的合同事项；旅行社以零团费和其他不合理的低价组织旅游活动，诱骗旅游者，并通过安排购物或者另行付费旅游项目获取回扣等不正当利益；未经旅游者书面同意，安排另行付费项目。

甩团变更类，包括：旅行社擅自变更行程，甩团，以拒绝继续履行合同、提供服务相威胁。

备案报告类，包括：工商登记信息变更或终止经营，未在规定期限内向原许可的旅游局备案，换领或者交回许可证；设立分社，未在规定期限内向分社所在地旅游局备案；设立服务网点未在规定期限内备案；不按国家有关规定向旅游局报送经

---

① 根据《热点说法：旅行社行政监管处罚行为清单》整理所得，https://www. sohu.com/a/210090548_ 99951723，访问时间：2019 年 11 月 25 日。

营和财务信息等统计资料；旅行社发现游客境外或境内非法滞留、擅自分团、脱团，不向旅游局、公安局、使领馆报告；发现游客从事违法行为，不向旅游局、公安局、使领馆报告；发生危及旅游者人身安全的情形，不采取必要的处置措施并及时报告。

导游领队类，包括：境内游中旅行社未委派导游全程陪同或提供的是非法导游；出境游中旅行社不为游客委派领队全程陪同；旅行社委派的导游人员未持有国家规定的导游证或者委派的领队人员不具备法定的领队条件；未取得导游证或者不具备领队条件从事导游、领队活动；旅行社要求导游、领队垫付服务费；旅行社不向导游、领队支付服务费；旅行社向导游、领队收取费用；旅行社要求导游人员和领队人员接待不支付接待和服务费用、支付的费用低于接待和服务成本的旅游团队；旅行社支付给导游、领队的报酬低于当地最低工资标准；导游、领队私收小费；领队委托他人代为提供领队服务；导游、领队拒绝履行合同。

委托接待类，具体包括：旅行社不向接受委托的旅行社支付接待和服务费用；旅行社向接受委托的旅行社支付的费用低于接待和服务成本；接受委托的旅行社接待不支付或者不足额支付接待和服务费用的旅游团队；旅行社向不合格供应商订购产品和服务；旅行社选择不具备相应资质的承运人或者使用不符合要求的客运车辆、船舶承担旅游运输；未取得旅游者同意，将旅游业务委托给其他旅行社（或未在包价旅游合同中载明地接社的基本信息）；将旅游业务委托给不具有相应资质的旅行社；组团社未与接受委托的旅行社就接待旅游者的事宜签订委托合同；旅行社未将旅游目的地接待旅行社的情况告知旅游者。

政策限制类，包括旅行社不投保旅行社责任险；旅行社不按规定存入、增存、补足质量保证金或提交银行担保；旅游经营者不执行政府定价、政府指导价相关规定或者不履行价格承诺；外商投资旅行社违法经营出境游业务或到法定旅游目的地之外的国家地区旅游。

商业道德类，包括旅行社进行虚假宣传；旅游经营者商业贿赂；旅游经营者泄露、公开和非法使用旅游者个人信息；旅行社安排旅游者参观或者参与违反我国法律、法规和社会公德的项目或者活动，安排游客在国外看黄色项目、参加赌博、吸毒、嫖娼等。

网络经营类，包括网络经营旅行社未公开营业执照、许可证、风险提示和联系方式等信息；网络交易第三方平台未对旅游经营者进行实名登记或者未对旅游产品、服务信息的真实性进行审查并进行公布等。

3. 2019 年以旅行社为诉讼主体的行政案件

2019 年上半年，全国共发生以旅行社为主体的行政案件 162 件，其中以旅行社为原告的案件共 87 件，旅行社为被告的案件有 68 件。[①] 这些案件大体可以分为以下几类。①旅行社与员工的劳动关系纠纷。此类案件大多是旅行社与员工由于工资待遇发生的争议，或者是对受伤的员工职务行为的认定以及赔偿等。②旅行社不服旅游监管部门的行政处罚提起的诉讼。此类案件往往以旅游监管部门为被告。③商标权争议。此类案件

---

① 北大法易网行政法案例库。

常常是以商标局为被告，是旅行社不服商标局关于商标权的裁定而提起的诉讼。

通常旅行社不服旅游管理部门所做出的裁定主要有吊销营业执照、取消经营资格等行政行为，说明旅行社在涉及其生死存亡的情形时常常会起诉主管部门。近年来，以旅行社为主体的商标权争议增加。我们搜集的 162 个案例，商标权争议占到近12%。这也说明，在旅游业转型升级的关键时期，越来越多的旅游企业开始重视产品及服务的创新，更加注重商标权等知识产权带来的利益，同时也开始重视避免侵害其他主体的知识产权。这对于形成良好的知识产权创造、使用、保护的社会氛围和企业氛围，激励市场主体创新创造，起到积极作用。

（二）旅行社承担民事责任的总体情形

1. 旅行社承担民事责任的现状

民事责任是旅行社因违反合同，不履行或不当履行其民事义务，或者因侵害旅游者的人身权利、财产权利所引起的不利性法律后果。实践中，旅行社承担民事责任的原因有以下几点。

（1）违反合同约定

包括旅行社与其他经营者所签订的商事合同以及旅行社与旅游者所签订的旅游合同。前者发生在商事主体之间，主要由《合同法》调整；后者发生在经营者与消费者之间，不仅要符合《合同法》的相关规定，还要由《旅游法》以及《消费者权益保护法》等法律进行调整。另外，旅行社的违约责任不仅包含自己对旅游者的合同责任，还包括由于地接社、履行辅助人的原因导致违约的，由组团社承担的合同责任。[1]

（2）违反安全保障义务

安全保障义务是旅行社在经营活动中所承担的保障消费者人身和财产安全的义务，是法律根据诚信原则以及公平原则所确立的法定义务。我国《侵权责任法》《消费者权益保护法》等规范性文件都明确了经营者对消费者的安全保障义务。旅行社作为经营者，当然适用其规定。

旅行社的安全保障义务也以法定的形式出现。《旅游法》第50条第1款规定：旅游经营者应当保证其提供的商品和服务符合保障人身、财产安全的要求。该条明确了旅行社对旅游者的人身财产安全保障的法定义务。对于安全保障义务的范围，《旅行社条例》第39条做出了一个概括性的规定，即旅行社对可能危及旅游者人身、财产安全的事项，应当向旅游者做出真实的说明和明确的警示，并采取防止危害发生的必要措施。发生危及旅游者人身安全情形的，旅行社及其委派的导游人员、领队人员应当采取必要的处置措施并及时报告旅游行政管理部门；在境外发生的，还应当及时报告使领馆、相关驻外机构、当地警方。具体而言，旅行社的安保义务体现在提示、提醒、警示、必要的救助以及报告等义务上，贯穿旅游活动的始终。

当然，旅行社的安全保障义务也不是没有界限的，在旅行社尽到了提示义务，尽到了相应的安全组织义务后，游客应遵守旅行社的提示，如因自身原因导致其受到伤害，旅行社不应当承担责任。

---

[1] 《旅游法》第70条。

不过，由于安保义务的概括性，实践中对旅行社安保义务的认定争议颇多，尤其是当发生游客人身伤亡时，旅行社是否尽到安保义务就成了认定侵权责任的焦点。

（3）侵权行为所产生的义务

侵权行为是旅行社承担民事侵权责任的前提，即旅行社构成对他人人身财产权益的不法侵害。旅行社的侵权责任包括两种形态。一种是导游或领队等工作人员对游客的人身和财产造成的侵害而应承担的责任。这种责任下，侵权行为来源于导游或领队，令旅行社承担是因为行为人接受旅行社的指派，从事职务行为给他人造成侵害而产生的责任，本质上是雇主对雇员的行为承担的责任。另一种是地接社或履行辅助人对游客的人身和财产所造成的侵害而承担的责任。其法律根据是《旅游法》第 71 条第 2 款的规定，即由于地接社、履行辅助人的原因造成旅游者人身损害、财产损失的，旅游者可以要求地接社、履行辅助人承担赔偿责任，也可以要求组团社承担赔偿责任；组团社承担责任后可以向地接社、履行辅助人追偿。乘坐公共交通工具致损害的赔偿除外。

实践中，违反安全保障义务与旅行社承担的侵权责任往往是紧密联系的，简言之，旅行社承担的侵权责任往往是由于违反安全保障等法定义务而造成。

2. 旅行社承担民事责任的特点

一般地，旅游纠纷具有标的额小、诉求要求及时等特点，发生纠纷后，当事人往往可以通过协商、向消协投诉以及向旅游行政机关申诉等方式来解决。各地旅游行政监管和执法部门承担了繁重的行政调解工作，并通过调解解决了大量的旅游民事纠纷。因此，进入诉讼途径的旅游纠纷案件数量并不多。2018 年，北京市朝阳区法院发布了 2015～2017 年度《涉旅游民事纠纷审判白皮书》，《白皮书》显示，2015～2017 年朝阳法院共受理涉旅游民事纠纷 1095 件，审结 1022 件。这与庞大的其他民事领域纠纷诉讼比起来是九牛一毛。

我们在无讼网进行了案例检索，2019 年涉及旅游纠纷案例共 1055 件，其中，出境游民事纠纷 153 件，与旅游经营者安全保障义务相关的案例 102 件。在北大法意案例库中检索，2019 年上半年的旅游民事纠纷案例 406 件，其中判决书 236 件、裁定书 169 件、调解书 1 件。

这两个案例库未必搜录了全国所有的判决，但我们还是可以从所获得的资料中窥其一般。我们发现，在以旅行社为当事人的诉讼中，旅行社与游客之间的民事纠纷在涉旅诉讼中占大多数。在北大法意 406 件案例中，旅行社与其他旅游企业之间的纠纷为 52 件，主要是双方之间的合作协议纠纷，占案例总数的 13%；而旅行社与游客之间的民事纠纷为 354 件，约占案例总数的 87%。

通过对这些案例的分析梳理，结合旅游行政机关处理的投诉案件，我们可以看出旅行社所承担的民事责任具有以下特点。

（1）旅游诉讼主体呈多元化趋势，旅游电商成为民事责任主体

在涉旅诉讼中，诉讼主体既包括旅游者和组团社，又包括地接社、履行辅助人、电商平台以及保险公司等。值得关注的是，近年来，旅游电子商务空前繁荣。2010 年中国旅游电子商务（基于互联网平台的在线旅游业交易）市场规模达到 2000 亿

元，占整体旅游收入份额近 15%。[1] 近 10 年过去了，我国旅游电子商务更是呈井喷式发展。但与此同时，旅游电子商务也为我国旅游业带来新的问题，虚假预定、"大数据杀熟"等网络交易特有的问题加上传统的不合理低价、强制购物等旅游顽疾，导致全国范围内针对电商平台的投诉和诉讼也不断增加。电子商务消费纠纷调解平台（315.100ec.cn）监测数据显示，2019 年上半年，国内网购投诉占全部投诉的 52.62%，而在线旅游占到了 4.67%，其中携程、飞猪、马蜂窝等有名的旅游电商平台"榜上有名"，马蜂窝累计获 10 次"不建议下单"评级。[2]

（2）旅行社承担的民事责任往往与履行辅助人的侵权或违约行为相关

旅行社作为旅游活动的组织者，其履行义务主要依赖于交通、住宿、餐饮、景区、商店等履行辅助人。因此，履行辅助人成为事实上的义务履行者。履行辅助人的违约或侵权行为直接关系到旅行社的责任。根据《旅游法》第 71 条的规定：由于地接社、履行辅助人的原因导致违约的，由组团社承担责任；组团社承担责任后可以向地接社、履行辅助人追偿。由于地接社、履行辅助人的原因造成旅游者人身损害、财产损失的，旅游者可以要求地接社、履行辅助人承担赔偿责任，也可以要求组团社承担赔偿责任；组团社承担责任后可以向地接社、履行辅助人追偿。

由于大量地依赖履行辅助人参与旅游合同义务的完成，旅

---

[1] 中国旅游研究院：《中国旅游电子商务发展报告》。

[2] http://www.logclub.com/articleInfo/OTgzOC1jNzc5ODZmMA==，访问时间：2019 年 12 月 7 日。

行社的服务质量极具有不确定性，其承担的侵权民事责任也多为履行辅助人违反安全保障义务而产生。在搜集的 2019 年上半年的案例中，354 件民事纠纷中，与履行辅助人的违约或侵权行为相关的有 183 件，其比例占到了一半多。

（3）出境游纠纷集中，旅行社承担合同责任和安全保障责任突出

在北京市文化和旅游局统计 2019 年前三个季度的旅行社服务质量数据中，出境游投诉分别占总投诉的 82.2%、60.5% 和 48.3%。①

在涉旅诉讼中，出境游纠纷主要集中在出境游保证金退还，预付费旅游产品，游客人身损害和受境外自然、政治、交通等不可预见的因素影响造成的行程取消或变更。其中，游客在境外发生人身损害的情形突出，船舶颠簸或撞击、车辆碰撞或车内受损、游泳浮潜等是主要致害原因，滑雪、蹦极、冲浪、跳伞等具有一定危险的体验项目也是致害因素。这些都导致旅行社最终由于违反安全保障义务而承担法律责任。②

（三）旅行社承担责任的法律分析

随着国家对旅游市场调控的加强，对旅行社的监管进入了较为严格时期。《国务院办公厅关于促进全域旅游发展的指导意见》、《文化和旅游部关于实施旅游服务质量提升计划的指导意见》、《旅游市场黑名单管理办法（试行）》等一系列规范

---

① 北京市文化和旅游局官网统计数据。
② 《朝阳法院发布涉旅游民事纠纷审判白皮书》，北京法院网，http：//bjgy. china-court. gov. cn/article/detail/2018/09/id/3513861. shtml，访问时间：2019 年 9 月 1 日。

性文件陆续出台，《在线旅游经营服务管理暂行规定》也即将出台，这些规范性文件对规范旅游市场、提升旅行社服务水平提出了明确的要求。综合前述数据，我们发现在市场服务要求高标准化、行业准入严格化的今天，旅行社所承担的法律责任具有以下特点。

1. 法律责任和道德责任相结合

目前，我国旅游市场对旅行社的要求既有行政、民事、刑事等法律责任，又包括应承担的社会责任以及有关行业信用的道德责任。作为市场主体，旅行社的行为不仅仅要受到法律的约束，也要受到道德的约束。目前，在全国范围内建立旅游"黑名单"体系，其作用不仅在于对涉事旅行社进行道德惩戒及警示，更是对整个行业信用体系的重构起到积极作用。

2. 法律责任具有竞合性

责任的竞合性是指一个行为同时触犯了不同的法律规范，面临数种责任，从而引起法律责任的竞合。在很多情况下，旅行社的一个违约行为或侵权行为，可能违反了合同或侵权法的规定，也可能违反了旅游行政法的规定，构成责任竞合。例如旅行社在向旅游公司租用不合格车辆导致游客人身伤害的情形下，一方面要承担侵权责任，另一方面根据《旅游法》第97条要承担行政责任。再如，在云南西双版纳导游李某强迫游客消费的案例中，强迫消费的行为令行为人承担了被吊销导游证的行政责任，也被检察机关以强迫交易罪提起公诉，承担了相应的刑事责任。

3. 法律责任具有社会监督性

投诉案件经受理便启动了行政程序，再由行政执法机关依法判断旅行社的行为是否违反了法律的规定或合同约定，最终以调解或做出具体行政行为的方式令旅行社承担法律责任。游客的投诉有的导致旅行社承担行政责任，有的导致旅行社向游客承担民事赔偿责任，有的构成责任竞合，使旅行社要承担两种责任。可见，大量的旅游投诉对启动旅游行政执法程序起着重要的推动作用，体现了社会对旅行社服务质量的监督作用。

4. 法律责任具有行政主导性

旅行社在旅游投诉中最终承担民事赔偿责任，这是启动行政程序的结果。因此，旅行社承担法律责任具有一定的行政主导性。当然，旅游执法机关通过主动启动监督执法程序以及通过司法判决令旅行社承担责任的情形也较为常见。

二 旅行社市场监管的热点问题

（一）不合理低价游的市场监管

不合理低价游是旅游行业中一种恶性竞争行为，属于行业中的"伪劣产品"，人们早已认识到其带来的弊端。长期以来，不合理低价游一直是全国及地方旅游管理部门重点打击的对象。

1. 不合理低价游的治理规范梳理

在《旅游法》颁布之前，我国旅游业界就有"零团费""负团费"之说，一些旅行社甚至将它们作为主要的经营模式，这种"劣币驱除良币"的现象给行业带来极大的危害。尽管《反不正当竞争法》中第 11 条早有明确的禁止性规定，但旅行社以低价招揽游客参团以排挤竞争对手、强迫购物获得高额利润以及侵害旅游者的权益等现象大量存在。2013 年，规范不合理低价游正式入法。《旅游法》第 35 条规定，旅行社不得以不合理的低价组织旅游活动，诱骗旅游者，并通过安排购物或者另行付费旅游项目获取回扣等不正当利益。

　　实践中，关于"不合理的低价"如何认定，存在一定争议。早在《旅游法》颁布之初，全国人大就进行了相关释义。其中，对第 35 条"不合理的低价"是这么认定的："关于如何认定不合理，应当结合旅行社正常经营行为来认定，如果超过了正常经营行为的限度，就可能属于'不合理'。产品的价格应当是在扣除成本、保证一定利润的基础上制定的。由此，低价促销应当是企业在一定程度上降低利润空间的让利行为。在经营过程中，为了取得竞争优势地位，经营者采用有奖销售、微利（低价）促销，都是不违反市场规则或者竞争规则的。低价促销目的是通过薄利或者微利经营，扩大产品影响，在短期内占领市场，最终是为了获取更大的市场份额，达到盈利的目的。若一个企业长期以低于成本的价格开展经营活动成为常态，既不合理也不可能，必然要通过其他途径获取利益。正因为是不合理的低价，旅行社在组织、招徕旅游者的活动中，难免会出现用虚假信息或者隐瞒真实信息欺骗旅游者，并通过安排购物或者另行付费旅游项目获取回扣等不正当利益的行为。只有这样，旅行社才能弥补不合理低价带来的损失并获取更高额的利润。不正当利益是指按照法律法规，通过正常经营所无法获取的商业利益。"[①]

---

① 李飞、邵琪伟主编《中华人民共和国旅游法释义》，法律出版社，2013。

《关于打击组织"不合理低价游"的意见》（旅发〔2015〕218 号）认为："'不合理低价'，是指背离价值规律，低于经营成本，以不实价格招揽游客，以不实宣传诱导消费，以不正当竞争扰乱市场。有以下行为之一，可被认定为'不合理低价'：一是旅行社的旅游产品价格低于当地旅游部门或旅游行业协会公布的诚信旅游指导价 30% 以上的；二是组团社将业务委托给地接社履行，不向地接社支付费用或者支付的费用低于接待和服务成本的；三是地接社接待不支付接待和服务费用或者支付的费用低于接待和服务成本的旅游团队的；四是旅行社安排导游领队为团队旅游提供服务，要求导游领队垫付或者向导游领队收取费用的；五是法律、法规规定的旅行社损害旅游者合法权益的其他'不合理低价'行为"。

2017 年 4 月，云南出台了被称为"史上最严"的旅游市场秩序整治方案，方案包含 22 条措施，重点从购物、旅行社、导游等 7 个方面入手，对涉及签订"阴阳合同"逃避检查、指定购物场所、擅自变更游览行程、强迫或变相强迫消费、商业贿赂、偷税漏税、虚假宣传等违法违规行为的旅行社依法吊销经营许可证、导游人员依法吊销导游证、购物店依法予以关停。通过这些方式，力求斩断"灰色利益链条"、根除"不合理低价游"，在旅游市场引发不小的震动。

2. 不合理低价游的治理现状

（1）通过行政执法手段进行治理

2016 年，国家旅游局印发《关于组织开展整治"不合理低价游"专项行动的通知》，成立了整治"不合理低价游"专项行动领导小组，从严打低价产品、严查合同签订、严管购物场所等三个方面开展工作，力图对不合理低价游进行遏制，并进行重点路线重点监测，联手泰国旅游局打击泰国低价游。据统计，截至2016年10月31日有9家被点名批评的旅游企业已下架涉嫌"不合理低价游"产品800多条。

2017年，国家旅游局联合公安、工商、工信、网信等部门开展了一场旅游市场整治风暴，共检查旅游企业61755家，立案2911件，罚款及没收违法所得3563.46万元，吊销营业许可证52家，罚没金额超过过去3年处罚总和。[①]

2019年1月，文化和旅游部发布《关于实施旅游服务质量提升计划的指导意见》，明确提出要保持对"不合理低价游"、强迫或者变相强迫消费、虚假宣传等高频违法行为的高压态势。

（2）将打击不合理低价游纳入旅游信用监管体系

在旅游业快速发展、民众对旅游市场综合监管要求日益增长的背景下，行业诚信体系建设十分紧迫。文化和旅游部号召旅游企业自愿承诺诚信经营，并先后公布了两批公开承诺诚信经营旅行社名单，共计5923家旅游企业进入"红名单"，承诺自愿抵制不合理低价游，自愿接受监管部门的处罚，并对利益受损游客进行加倍赔偿。

2018年，文化和旅游部与国家发改委、央行等26个部门联合签署《关于对旅游领域严重失信相关责任主体实施联合惩戒的合作备忘录》，涉及了7个旅游领域严重失信情形，旨在加快推进旅游诚信体系建设，加大旅游领域严重失信行为惩戒力度。

---

① 《重拳打击不合理低价游》，中国新闻网。

2018 年，《旅游市场黑名单管理办法（试行)》公布并实施，其明确规定了适用主体既包括传统的旅行社、景区、旅游住宿等从事旅游经营服务的企业、个体工商户及导游等从业人员，也包括新兴的通过互联网等信息网络从事提供在线旅游服务或者产品的经营者（即在线旅游企业和平台）及从业人员。

2019 年 10 月 22 日，浙江省文化和旅游厅发布《浙江省旅游市场黑名单管理办法（征求意见稿)》，根据浙江实践对《旅游市场黑名单管理办法（试行)》进行了可操作性的规定，拟通过文件的出台，建立起浙江旅游信用监管体系。

以旅游"红名单"和旅游"黑名单"为主体构建的旅游信用监管体系，对不合理低价游的打击将起到积极作用。

（3）积极探索不合理低价游的行、刑衔接途径

2017 年，国家旅游局召开新闻发布会，通报旅游市场秩序综合整治"春季行动"成效，公布 10 例"不合理低价游"典型案例，涉及 8 个省份的旅行社，其中海南省最多，占 3 例。

海南省人民检察院出台了《关于服务保障"两个确保"百日大行动的二十条措施》，首度提出了要发挥公益诉讼职能作用，探索将游客反映强烈的"不合理低价游""黑导游"等旅游消费问题，纳入公益诉讼办案范围。

（二）导游人员强迫消费的市场监管

1. 导游强迫消费的市场监管总体情形

2018 年 6 月，云南省西双版纳傣族自治州景洪市法院一审公开宣判，判决云南景洪导游李某强迫游客消费，构成强迫交易罪，一审获刑 6 个月，并处罚 2000 元。

2019 年 6 月，网上爆出桂林导游赵某某强制游客 "一小时消费 2 万元" 的视频。此事一出，舆论一片哗然，在全国高压整治旅游乱象的当下，如此顶风作案的确实令人咋舌。在监管部门的介入下，赵某某向游客赔礼道歉，桂林市旅游管理部门吊销了赵某某的导游证，并将其纳入了全国旅游市场 "黑名单"。

这些案件的曝光，再次把导游强制购物问题推到公众的视野中。实际上，对导游强迫购物的治理一直是旅游监管部门治理旅游乱象的重点。早在 2015 年国务院印发的《关于促进旅游业改革发展的若干意见》，就将依法严厉打击黑导游和诱导、欺骗、强迫游客消费等行为作为加强市场诚信建设的一项内容。2018 年 1~3 月，针对个别重点旅游地区相继发生的导游强迫或者变相强迫游客消费、"黑导" 殴打游客等恶劣事件，文化和旅游部开展了以打击强迫消费以及非法从事导游执业活动为重点的旅游市场秩序专项整治行动。截至 3 月底，各地共检查导游8596 人次，立案 172 起，处罚导游及非法从业人员 70 人，罚款及没收违法所得 326.05 万元。①

导游强迫消费往往是不合理低价游的衍生物。旅行社收取旅游项目运作成本价，更有甚者低于成本价，再通过导游向游客增加自费景点和购物点等方式赚取 "回扣" 和 "人头费"，用以填补亏空，获取利益。遇到不愿意 "配合" 的游客，导游不惜通过强迫、诱使、威胁等侵害消费者权益的方式逼迫旅游者就范。

在不合理低价游背景下，导游的生存环境也不断恶化。我

---

① 《整治 "不合理低价游" 等乱象》，凤凰网，http://finance.ifeng.com/a/20180507/16245951_0.shtml，2019 年 12 月 3 日。

国实行导游持证上岗制度。旅行社聘用的临时导游则只是业务合作，每次带团后按合约结算费用。现实逼迫导游接低价团，不接没有工作，接了不购物就没有收入。而且购物分成的利益分摊者众多，包括导游、旅行社、司机、组团商，如果是跨地域还有当地导游的费用。导游既要填补旅行社亏损，又要实现自己的利润。因此，逼迫游客购物赚取回扣成为其获利的主要途径。

可见，治理不合理低价游是改变导游强迫购物现状的关键。

2. 导游监管机制的创新

（1）构建旅游信用监管体系，建立旅游从业人员黑名单制度

2018 年末，《旅游市场黑名单管理办法（试行）》公布并实施，其明确了其适用主体，包括导游等从业人员以及在线旅游企业和平台的从业人员，并规定地市级及以上文化和旅游行政部门或者文化市场综合执法机构按照属地管理及"谁负责、谁列入，谁处罚、谁列入"的原则，将旅游市场主体和从业人员从事的 7 种行为列入本辖区旅游市场黑名单：因侵害旅游者合法权益，被人民法院判处刑罚的；在旅游经营活动中因妨害国（边）境管理受到刑事处罚的；受到文化和旅游行政部门或者文化市场综合执法机构吊销旅行社业务经营许可证、导游证处罚的；旅游市场主体发生重大安全事故，属于旅游市场主要责任的；因侵害旅游者合法权益，造成游客滞留或者严重社会不良影响的；连续 12 个月内两次被列入旅游市场重点关注名单的；法律法规规章规定的应当列入旅游市场黑名单的其他情形。

据昆明市文化和旅游局公布的 2019 年 1～8 月旅行社及从

业人员红黑榜单中，被纳入旅游黑名单的导游有 6 人，其中 2 人被吊销导游证。

（2）完善涉旅"行、刑衔接"，区分罪与非罪

"行、刑衔接"又叫"两法衔接"，是行政执法和刑事司法相衔接的简称，指的是检察机关会同行政执法机关、公安机关、行政监察机关及时将行政执法中查办的涉嫌犯罪的案件移送司法机关处理的工作机制。在运用多种方式高压打击不合理低价、强迫购物等旅游乱象中，"行、刑衔接"成为监管的一种重要方式。具体到导游强迫消费行为，有必要区分行为的罪与非罪，才能做到罪责刑相适应。

《旅游法》第 41 条明确规定，禁止导游诱导、欺骗、强迫或者变相强迫旅游者购物或参加另行付费旅游项目。2018 年 1 月开始实施的《导游管理办法》第 23 条第 5 款也规定，导游人员不得以殴打、弃置、限制活动自由、恐吓、侮辱、咒骂等方式，强迫或者变相强迫旅游者参加购物、另行付费等消费项目。可见，依据我国相关法律的规定，如果导游强迫或者变相强迫旅游者购物以及参加另行付费旅游项目的，情节严重的情况下可能会构成强迫交易罪。

强迫交易行为是一种扰乱市场管理秩序的违法行为。根据《旅游法》第 110 条规定：违反本法规定，构成犯罪的，依法追究刑事责任。可见，强迫交易行为只有达到情节严重的程度才能构成犯罪。所谓情节严重，主要指以下情形：①促成不公平交易，非法获利数额较大的；②多次强迫交易的；③社会影响恶劣的；④给被害人及家庭带来较为严重后果的；⑤强迫交易严重扰乱市场的；⑥两人以上共同实施强迫交易的。在上述的

强迫交易案中，李某为了达到迫使游客消费的目的，采取辱骂、威胁等手段，如对不参加消费的游客不发放房卡，对与其发生争执的游客进行驱赶换乘车辆，强迫 8 名游客购买商品和自费项目，强迫交易金额达 15156 元，应当属情节非常严重，构成犯罪行为。

当然，如果导游用一般的威胁手段强迫游客消费，行为较有节制、获利有限的，情节显著轻微、危害不大的，当属于一般违法行为，不构成犯罪，应当由行政手段来进行处罚，即没收违法所得，处二千元以上二万元以下罚款，并暂扣或者吊销导游证。

因此，对导游强迫消费行为要进行综合分析，落实一案双查制度，构成犯罪的要按照刑事法律的规定进行处罚，对于不构成犯罪的行为，则要由行政管理机关做出相应的处罚。

（三）黑社、黑车、黑导的市场监管

1. 非法一日游与黑社、黑车、黑导的关系

近年来，一些地方非法"一日游"屡禁不止，甚至变着花样出现在公众视野里。非法"一日游"横行旅游市场，其惯用伎俩包括低价揽客中途再次收费、强制购物；不使用正规的旅游合同，用虚假合同侵害游客正当权益；游览线路及实际旅游景点与合同不符，蒙骗游客；冒充正规旅行社通过小广告、小名片、假网站等途径招徕游客等。因为成团容易，那些不具备资质的旅行社和从业者通过旅游大巴街头揽客、小宾馆招客等非正规渠道就可以组成旅游团。部分游客存在"图便宜、捡漏子"的消费心理，让不法分子钻了空子。非法"一日游"屡打

不绝，并形成了黑票提、黑导、黑社、黑车、黑店、黑网等利益链条相互交织的"六黑"乱象。"非法一日游"的存在，不仅损害了游客的利益，也严重影响了一个城市的旅游形象。① 因此，治理"黑社""黑车""黑导"现象应当与治理"非法一日游"相结合，才能起到事半功倍的效果。

2. 黑社、黑车、黑导的市场监管机制

（1）建立"行、刑衔接"，一案双查机制

云南省将"黑车、黑导、黑社、黑店"及揽客、拉客等非法经营活动等作为打击重点，加大查办力度、强化"行、刑衔接"，对触碰法律"红线"的旅游企业和从业人员，坚决追究其刑事责任。

北京市文化和旅游局把整治"一日游"作为扫黑除恶专项斗争工作的重点。执法人员根据市场特点规律，以乱查案、以案查恶、以恶查黑，集中打击涉乱涉黑涉恶的无证企业和无资质从业人员，不断提升治理能力，积累不少新经验新举措。自2019 年 6 月以来，北京市累计出动执法人员 1.5 万余人次，检查导游 8000 余人次、旅游车辆 13470 台次，检查旅行社 768 家次，查扣"黑车"155 台，没收非法"一日游"广告名片 14462张。与公安机关联合执法，行政拘留"黑票提""黑导"322人、刑事拘留 22 人，罚没金额共 184.409 万元。群众涉非法"一日游"投诉同比下降 93.8%，绝大部分时间段实现了涉非

---

① 《整治非法"一日游"顽疾须多部门联动久久为功》，http://www.ccdy.cn/portal/detail? id = a3301657 - 5cba - 4067 - 9637 - 7fcc1d4df214&categoryid = 10934 - mssql&categoryname = % E5% B8% 82% E5% 9C% BA，访问时间：2019 年 12 月 5 日。

法"一日游"零投诉。①

天津市对非法"一日游"高发频发旅游线路定位，相关部门派出暗访组随团暗访，并在行程末端成立联合执法打击组，依法对涉案"黑车""黑店""黑导"进行查处。

（2）充分利用网络平台，正面引导与监督管理相结合

自 2017 年 8 月起，管理部门将北京市内每天的旅游团队纳入电子行程单监管平台，通过科技助推，实现了旅游团队全过程动态化监管，及时发现和解决问题。投诉线索反馈，60%非法"一日游"报名是在网上完成，说明不少游客进京前是通过网络搜索旅游信息而撞上"李鬼"。在这个阶段，正规"一日游"应通过官方绿色通道在网络搜索上最先排名，精选多档次、多品种服务满足客需求，最大限度挤压非法"一日游"的生存空间。同时，相关部门通过政府官网、微博、微信、短消息等渠道，甚至利用公交移动媒体发布"来京旅游提示"和"一日游"经典案例，提示游客理性选择正规的旅行社。

三 旅行社市场监管的探索与创新

（一）旅游市场监管体制的改革与成效

1. 旅游市场监管体制的模式

旅游产业要素分散于多行业、多产业的特点决定了旅游行政执法是跨行业较广、涉及部门较多、跨越空间较大的行政执

---

① 《涉非法"一日游"投诉同比下降 93.8%》，北京政法网，http：//www.bj148.org/zz1/shaq/201911/t20191118_1541157.html，访问时间：2019 年 10 月 30 日。

法。《旅游法》颁布后，我国旅游行政执法从旅游联合执法模式进入旅游综合执法模式。目前，北京、杭州、深圳、南京，以及四川阿坝州等地区都先后建立了旅游综合执法体制，虽然它们的体制机制不尽相同，但大致可以划分为三种形式。

（1）大部制形式的旅游综合执法体制

这种体制主要是通过大部制改革，整合了旅游部门与其他部门的机构和人员，形成了大的行政部门，再下设旅游综合执法机构。这种体制下，有固定的编制、固定的执法人员以及固定的办公场所和财政经费。虽然往往也设有综合执法机构，包括了旅游执法的职能，但并非以旅游执法为中心。如 2009 年深圳市在文化局、体育局、旅游局的基础上成立了深圳市文体旅游局，并下设文化市场行政执法总队，新成立的执法机构虽然涵盖了旅游执法的职能，旅游执法的范围更广，但也承载了更多与旅游关联不紧密的职能，反而会影响旅游综合执法职能的发挥。

（2）独立的综合执法机构体制

这种体制通常是新设立旅游综合执法机构，而非大部制改革。在行政管理层级上，这种机构往往并不隶属于旅游部门，而是直接隶属于地方政府。杭州市、阿坝州目前是这种体制。旅游综合执法的队伍通常由两部分人员组成，一部分人员是由以往的旅游执法大队直接划转，另一部分人员组成则是不固定的，是由各相关职能部门抽调人员集中在新的旅游执法机构办公并参与执法，人员定期轮换，抽调人员的人事关系仍在原单位。参与旅游综合执法时，如物价、工商等人员代表相关部门进行执法活动，最终执法结果还需要各部门来负责处理。这种独立的综合执法机构体制既体现了旅游执法的独立性，又能统筹各部门的执法力量来共同整治旅游市场秩序。

（3）旅游综合执法领导小组的体制

这种体制往往成立由地方政府主要领导任组长的旅游综合执法领导小组，但并不设立新的执法机构，如南京市领导小组成员通常包括旅游部门、物价、工商、体育等多个部门的主要负责人。领导小组没有独立的财政预算，各小组成员单位也不派人参入其中，在开展综合执法活动时从各部门抽调执法人员。这种体制是在旅游联合执法的基础上，成立了相应的领导机构，明确了各部门的职责和分工，更有利于统筹协调和指挥执法活动。

与旅游联合执法不同，旅游综合执法通过创新旅游行业管理体制，整合旅游执法力量，建立起综合协调、部门联动、分工协作、统　行动的执法机制，旨在解决单靠旅游行政管理部门所不能解决的行业管理问题。它不仅能弥补旅游部门的行政执法权缺陷，也可以弥补因旅游法律法规不完善所带来的执法难题；不仅可以让查处的案件能够得到及时有效地处理，还能够使相关法律法规在综合执法中发挥最大的作用。旅游综合执法主要有几个特征。

一是有跨部门职权的常设组织机构和执法队伍。旅游综合执法与旅游联合执法有类似之处，但最大的不同之处是，旅游综合执法通常由固定的组织机构和人员组成，这能有效地保障旅游综合执法的效力和执法的连续性。

二是整合了多个部门的执法权限，有更大的旅游执法权。旅游综合执法通过体制机制改革整合了多个部门的执法权限，统一对旅游市场秩序进行监督管理，尽管包含的部门不尽相同，但相对于过于单纯依靠旅游部门自身来执法，有更多的执法空间和执法依据。旅游综合执法的效率通常要高于旅游联合执法的效率，执法力度也更强，有利于在较短的时间内处理发现的问题。

三是建立了常态化的执法机制。旅游综合执法有别于以往的临时性执法，是通过日常性的执法加强对旅游市场秩序的整治，通过建立长效的管理机制，保障了执法的常态化。

2. 旅游综合监督机制是未来旅游执法体制的改革方向

《旅游法》第7条首次以国家立法的形式从中央和地方两个层面确立了旅游综合协调机制，明确了国务院建立健全该机制以及综合协调旅游业发展的职责，并规定了县级以上人民政府应当组织旅游主管部门等对旅游经营行为实施监督检查。不过，尽管《旅游法》第7章专门规定了旅游监督管理的内容，但对旅游执法部门的权限、法律地位等重要内容并没有明确规定。

2016年2月4日，国务院办公厅印发《关于加强旅游市场综合监管的通知》，明确规定了多部门联合执法协调监管的工作机制，并对旅游管理、公安、工商、交通运输、文化、税收、质监、价格主管、商务、通信主管、网络以及民航等部门的相关职责进行了规定，要求创新执法形式和管理机制、加快理顺旅游执法机构与政府职能部门职责关系，并要求各地区、各有关部门要建立健全旅游市场综合监管的长效机制，对重要处罚决定建立合法性审查机制，对旅游执法裁量权制定基准制度，进一步细化、量化行政裁量标准，合理规范裁量种类、幅度。

从国家对旅游业发展的战略布局来看，坚持各级政府、各相关部门、旅游企业和社会公众"四位一体"，以"政府主导、属地管理、部门联动、行业自律、各司其职、齐抓共管、公众参与"为原则的全域旅游发展的综合体制机制保障正在形成。多部门、多维度的综合执法以及加强旅游执法与司法衔接的旅游综合执法体制是今后的发展方向。

3. 现阶段旅游市场监管的目标和方向

（1）旅游市场监管的具体目标

2016年，国务院下发了《国务院办公厅关于加强旅游市场综合监管的通知》（国办发〔2016〕5号），首次提出旅游市场综合监管，标志着我国旅游市场监管机制改革进入深化期。2017年国家旅游局提出，全国旅游市场监管工作围绕"四个统筹"重点抓好十项工作。一是统筹资质监管、行为监管与信用监管等三种监管方式；二是统筹行政监管与社会监督、行业自律、游客自觉四种力量；三是统筹实体市场与网络市场经营主体的有效监管，统筹抓好境内游与出境游两大文明形象与市场秩序的规范建设。十项重点工作，既是对旅游市场秩序整顿行动的深化，也是对一些重点监管领域提出一系列具体改革措施。

具体内容包括：一是明确旅游市场各主体的相关责任，按照"属地管理、部门联动、行业自律、各司其职、齐抓共管"的原则，明确各相关部门的监管责任，落实旅游企业的主体责任，发挥社会公众和行业协会的监督作用；二是形成旅游市场综合监管共识和正确导向，文化和旅游部制定了旅游市场综合监管责任清单，向社会公开旅游及公安、工商、文化、税务、交通相关部门职能、执法权限等事项；三是改变单抓自管的格局，逐步形成国家－省－市－县四级旅游综合监管体系框架。

（2）以推进"1＋3＋X"模式为标志，形成完善的旅游联合执法体制[①]

在"1＋3＋X"模式中，"1"是指旅游发展委员会；"3"分别是指旅游警察、旅游巡回法庭和工商旅游分局，"X"是指其他创新性的市场监管措施，旨在强调旅游部门与工商、交通、公安等部门共同维护旅游市场秩序和旅游综合环境，强化联合执法协调监管的相关工作机制。例如，三亚市率先探索建立"旅游巡回法庭、旅游纠纷人民调解委员会、工商旅游分局、交通运管处"等执法主体，使旅游纠纷处理从单一的行政执法向"调解＋仲裁＋行政执法＋司法诉讼"综合处理机制转变。据不完全统计，截至2017年12月，全国共有25个省（区、市）、155个地（市）成立了旅游发展（和）改革委员会，已设立旅游警察机构131家、旅游工商分局机构77家、旅游巡回法庭机构221家。一些地方还成立了旅游物价巡查大队、旅游食品安全巡查大队、文明旅游工作办公室、旅游执法履职监督办公室、涉旅司法调解中心、全域旅游服务中心等专业机构。

（3）引入社会监督机制，推动形成以政府为主体、全社会广泛参与的现代旅游治理体系

随着我国旅游市场监管的社会化、数字化进程不断加快，利用移动互联网、大数据、云计算等先进技术，建立大数据共

[①]　根据中国社会科学院旅游研究中心《近年我国旅游业改革发展若干问题之一：体制机制改革——旅游治理的新体系》整理，http://www.sohu.com/a/238492411_126204，访问日期：2019年11月23日。

享机制，对全国旅游市场进行动态化、实时化监管已成为常用的监管手段。2018年，在实施"鹰眼计划"，开展"利剑行动"严查旅游市场秩序的同时，全国旅游监管服务平台于同年7月1日在全国全面启用。这些数字化工具的运用，无疑加快了旅游监督进入社会化监督的进程。

（4）利用互联网大数据，构建数字化监管平台

"一部手机游云南"平台是利用物联网、云计算、大数据、人工智能技术打造的全域旅游数字化平台。在平台管理端，建立运营管理平台，景区运营、排名、舒适指数尽在掌握；建立旅游市场监管平台，实行全省旅游价格监管；建立旅游应急管理平台。这样，不仅建立起省、市、县三级旅游机构综合管理平台，又帮助政府建立旅游舆情大数据，建立舆情监测与引导平台，及时掌握和处理舆情，建立旅游投诉响应平台，以便政府相关部门在收到问题后能够及时回应，确保游客的利益和体验。同时，工商局、税务局、发改委等部门通过联合执法平台让旅游监管无处不在。

上海市充分运用"互联网＋"、大数据等信息化手段，建立完善以"一社一档"为主要内容的旅行社监管信息平台，包括旅行社基本信息、导游信息、领队信息、投诉信息、检查信息、行政处罚信息、安全信息、经营信息，涵盖旅行社从注册到注销的全过程核心监管数据内容。同时，在全面采集全市旅行社统一社会信用代码的基础上，启动旅行社监管信息平台与市文化执法总队、市法人库、市公共信用信息服务等平台的数据，通过大数据汇总和分析，探索实施分类监管措施。

5. 各地进行旅游市场监管和综合执法体制机制改革的实践①

海南省改革公益诉讼的办案范围。海南省尝试发挥公益诉讼职能作用，探索将游客反映强烈的"不合理低价游""黑导游"等旅游消费问题，纳入公益诉讼办案范围。

黄山市成立旅游管理综合执法局。安徽省黄山市组建具有独立行政执法主体资格的旅游管理综合执法局，集中行使 8 个主要职能部门的 88 项行政处罚权，旅游市场监管、执法、查处实现"三统一"。

贵州省成立全域旅游法律服务中心。贵州省安顺市在设立"1 + 3"基础上，成立全域旅游法律服务中心。

济南市启动"旅游啄木鸟"工程。山东省济南市启动"旅游啄木鸟"工作，构建了"行政监管 + 社会监督 + 媒体监督"三位一体行业治理新模式。

福建省创新旅游监管六大机制。福建省围绕"放心游福建"旅游服务承诺，整合工商、旅游、公安等 24 个部门和省、市、县三级行政资源，创新六大机制："一口受理"机制、"快速办结"机制、"先行赔付"机制、部门协同机制、应急处理机制、超时限办理问责机制。

上海市成立旅游纠纷人民委员会。上海市文化和旅游局在总结"旅游纠纷巡回法庭"、"旅游纠纷诉调对接机制"和"旅游律师志愿团"经验的基础上，成立上海市旅游纠纷人民调解委员会。

---

① 根据中国社会科学院旅游研究中心《近年我国旅游业改革发展若干问题之一：体制机制改革——旅游治理的新体系》整理，http://www.sohu.com/a/238492411_126204，访问日期：2019 年 11 月 23 日。

广西壮族自治区发挥村党组织在旅游监管中的作用。广西阳朔骥马村成立"党员综合服务中心"，发挥旅游咨询、旅游调节等功能。

云南省启动"1＋16＋129＋X"旅游投诉处置工作体系机制。"1＋16＋129＋X"是云南省"一部手机游云南"的投诉平台，全域旅游管理服务的创新之举，它第一次将游客、企业、涉旅管理部门拉到一个扁平化的数字平台上，帮助游客节约宝贵的旅游时间，协助政府精简各类协同调度的任务。其中"1""16""129"分别为省级、州市级、县级旅游市场监管综合调度指挥中心，"X"为涉旅企业，这也成为"一部手机游云南"项目的亮点之一。"一部手机游云南"投诉平台自2018年10月1日正式上线后，截至2018年12月30日，共收到3500余起投诉或咨询，实际反映问题3000余起，均已全部办结。

（二）旅行社市场监管中的"行、刑衔接"

1. 旅行社市场监管中 "行、刑衔接" 的总体情形

《国务院办公厅关于促进全域旅游发展的指导意见》中强调，要建立健全旅游部门与相关部门联合执法机制，强化涉旅领域执法检查，并加强旅游执法领域行政执法与刑事执法衔接，促进旅游部门与有关监管部门协调配合，形成工作合力。旅游监管的"行、刑衔接"强调对旅游涉黑行为以及旅游犯罪行为不能靠行政执法工具给予打击，必要时采取刑事手段。

全国各地纷纷顺应全域旅游的发展要求，积极推动行业执法、治安处罚、刑事执法和司法调解在旅游市场治理中的有效统一。

据官方通报，近日云南省昆明市公安机关又成功打掉一个以"低价团"吸引游客消费收取高额回扣的犯罪团伙，抓获涉嫌非国家工作人员行贿受贿嫌疑人31人，刑事拘留28人。该案涉及云南省内数十家购物店，涉及北京、深圳等多家涉旅公司。这些涉旅公司形成了完整犯罪利益链条，严重扰乱旅游市场秩序。①

云南和谐国际旅行社李某明、张某荣受贿案和昆明仟悦旅行社毛某平行贿案具有一定的典型性。李某明和张某荣夫妻二人共同经营云南和谐国际旅行社。2017年11月至2018年4月，他们安排游客到大理"皮罗阁银器店"购物，并收下该店王某平给予的购物返款回扣合计16.3257万元。此案经昆明市盘龙区人民法院审理后做出判决：李某明、张某荣犯非国家工作人员受贿罪，分别被判处有期徒刑一年，张某荣缓刑一年。两名被告人违法所得被追缴并予以没收。

毛某平是昆明仟悦旅行社法定代表人，他一方面安排导游带游客进店购物，购物店按游客消费金额的一定比例返款到其个人或指定的私人银行账户；另一方面，又与多家旅行社联系提供"低价、零价"旅游团队。毛某平将团队带至云南各州市购物店进行消费后，以每位游客50元和300元的"返点"，将返款打入李某程、赵某恒的银行账户。昆明市西山区人民法院对此案做出判决：毛某平犯对非国家工作人员行贿罪，判处有期徒刑2年，并处罚100万元；李某程、赵某恒犯非国家工作人员受贿罪，分别被判处有期徒刑一年零六个月和有期徒刑5

---

① 《时不我与：云南积极推进"旅游革命"的新发展》，云南省文化和旅游厅官网。

年，赵某恒被处没收财产 50 万元；被告人涉案赃款予以追缴没收并上缴国库。

2. 云南省的 "行、刑衔接" 实践

（1）划定涉旅"行、刑衔接"的打击重点

云南省以强迫交易、商业贿赂、偷税漏税、故意伤害、"酒托、药托、游托"诈骗、"黑车、黑导、黑社、黑店"及揽客、拉客等非法经营活动等为重点，加大查办力度、强化"行、刑衔接"，对触碰法律"红线"的旅游企业和从业人员，坚决追究其刑事责任。

（2）快速处理涉旅警情

完善旅游景区、涉旅场所、游客集聚区治安管理，加强巡逻。建立多部门联动的游客投诉快接快处和及时反馈工作机制，在重点旅游景区、旅客聚集场所公布报警电话，及时处置警情。加强公、检、法、司等部门沟通协作，对涉旅违法犯罪活动快侦、快破、快捕、快诉、快判。[①]

（3）坚持一案双查制度，铲除涉旅黑恶势力土壤

紧密结合扫黑除恶专项斗争，严厉打击涉旅涉黑恶势力，坚持一案双查，对充当涉旅涉黑违法犯罪"保护伞"的公职人员，一经发现，严惩不贷，坚决铲除涉旅黑恶势力滋生蔓延土壤。

3. 北京市涉旅 "行、刑衔接" 实践

北京市采取以乱查案、以案查恶、以恶查黑的打击方式，对问题线索深入研判、逐一核查、循线深挖，建立动态跟踪、

---

① 《时不我与：云南积极推进"旅游革命"的新发展》，云南省文化和旅游厅官网。

适时反馈、信息共享机制。在整治工作中，文化和旅游局与市级相关部门和各区持续加强联合执法，既加大对正规企业和从业人员的管理，又集中力量防范和打击本行业领域里的涉乱涉黑涉恶的无证企业和无资质从业人员的违法违纪行为。

4. 海南省涉旅 "行、刑衔接" 实践

2015 年，海南省组建了全国首支旅游警察队伍——三亚市公安局旅游警察支队。由于成绩显著，三亚市旅游警察先后获得 "中国十大社会治理创新奖" 和 "全国旅游创新十大举措" 荣誉。全国各地借鉴三亚经验，建立起 200 多个旅游警察队伍。

2019 年，海南省发挥公益诉讼职能作用，探索将游客反映强烈的 "不合理低价游" "黑导游" 等旅游消费问题，纳入公益诉讼办案范围。

5. 旅行社监管中对 "行、刑衔接" 的思考

所谓乱世用重典。笔者认为，在旅游乱象长期扰乱市场的情况下，在多部门联合执法的旅游监管背景下，发挥部门的力量集中精力对旅游业界的重点乱象进行高压打击是非常必要的。"行、刑衔接" 可以在一定程度上发挥行政法和刑事法律的综合作用，对胆敢以身试法的不法行为人造成一定的震慑力。在总结地方实践经验的基础上，涉旅 "行、刑衔接" 还应当做好以下几点。

（1）构建 "行、刑衔接" 信息共享平台

"行、刑衔接" 信息共享平台是在行政执法与刑事司法相衔接工作机制框架下，利用政务网的现有网络、设施和有关数据，实现各旅游行政执法机关与公安、法院、检察院等司法机关之

间执法资源共享。通过信息共享平台，既可实现案件的网上移送、网上办理、执法动态的交流和业务研讨、案件信息流程跟踪和监控，也可建立网上衔接、信息共享，对打击旅游违法犯罪行为具有重要作用。

（2）明确"行、刑衔接"的重点打击范围

在研究中我们发现，尽管各地都将涉旅"行、刑衔接"纳入了旅游监管机制中来，但没有一个统一的适用范围。云南省将强迫交易、商业贿赂、偷税漏税、故意伤害、"酒托、药托、游托"诈骗、"黑车、黑导、黑社、黑店"及揽客、拉客等非法经营活动等作为打击重点；湘潭市则公布了旅游行业重点打击的 10 类涉黑涉恶违法犯罪行为，呼吁广大人民群众积极举报涉黑涉恶线索。① 其他省市并未见相关公布。在旅行社市场监管中，"行、刑衔接"应重点关注与其经营活动相关的内容，如经营资质问题、强迫交易问题、偷税漏税问题、商业贿赂问题、诈骗以及"黑车、黑导、黑社"等问题。

（3）注意"行、刑衔接"中的处罚优先原则的适用

行政违法和刑事犯罪之间具有一定的共性，决定了两者具有衔接上的对应性。然而，两者也并非完全对应，有的违法行

---

① 具体是：（1）与社会不法人员相勾结，强行揽客、拉客，在旅游市场欺行霸市、强买强卖、收保护费等不法行为；（2）旅游"黑导"宣传虚假信息、强迫购物消费、威胁辱骂游客、擅自安排收费项目等不法行为；（3）旅游"黑车"无资质运营、欺客宰客、中途甩客、围堵威胁游客等不法行为；（4）景区周边涉旅饭店虚假标价、低标高结、强买强卖、恐吓游客等不法行为；（5）景区周边停车场自定标准、超标准强行收费等不法行为；（6）垄断经营，扰乱、破坏旅游市场正常经营秩序的不法行为；（7）旅游景区周边不法村民、村霸，纠集团伙强行拦客拉客，强行拦路收费、胁迫欺骗游客等不法行为；（8）打着讨债、维权等旗号，制造各种矛盾纠纷，围堵、讹诈旅游企业，从中牟利的不法行为；（9）与游客、旅游从业人员发生纠纷后，纠结多人进行威胁、恐吓、打击报复的；（10）其他需要关注的异常情况。

为仅构成行政违法，并不构成刑事犯罪；有的违法行为只构成刑事犯罪，并非行政违法；也有的是一个行为同时触犯行政法和刑法的规定，这就需要考虑行政处罚和刑事处罚哪个优先适用，是否需要两法共罚，令行为人同时承担两种责任。如前所述的和谐国际旅行社李某明、张某荣受贿案，李某明、张某荣的行为显然构成受贿罪，但也同时违反了《旅游法》第35条第1款的规定，根据该法第98条的规定，违反第35条情节严重的，吊销旅行社业务经营许可证。本案中，犯罪嫌疑人的行为已经被定性为犯罪行为，当然构成情节严重，应当吊销该旅行社的业务经营许可证。可见。李某明、张某荣的受贿行为，应当同时承担行政责任和刑事责任。

目前，随着执法理论的完善和执法实践的探索，有限的刑事处罚优先原则已成为立法和执法中的主流观点。在涉旅"行、刑衔接"中我们也应当坚持这一原则，即在行政处罚财产罚（罚款、没收违法所得、没收非法财物）和刑事处罚财产罚（罚金、没收财产）并存时，应当坚持刑事处罚优先；在行政处罚的人身自由罚（行政拘留）和刑事处罚的人身自由罚（管制、拘役、有期徒刑、无期徒刑）并存时，也应当坚持刑事处罚优先原则。

除此之外，还应当考虑行业禁入罚的适用与刑事处罚的关系。

（三）旅游电商平台监管机制的完善

据统计，2018年在线旅游市场交易规模达1.48万亿元，预计2022年将达到2.46万亿元。2019年上半年我国在线旅游交易额超过 7000 亿元，占线上旅游消费额近 70%。

然而，在线旅游蓬勃发展的同时也饱受诟病。人民网旅游3·15 投诉平台公布的 2019 年上半年旅游投诉数据显示，平台共收到有效投诉 462 条，其中涉及在线旅游企业的投诉有 365 条，占总投诉量的 79%，涉及在线旅游企业的投诉主要集中在航空购票和出游报团方面。可见，在线旅游平台已然成了侵害消费者利益的重灾区。

近年来，全国各地旅游监管部门将在线旅游监管作为工作重点。上海市宣布，每年 4 月至 10 月开展的旅游市场专项执法工作中，均将在线旅游企业及平台作为检查重点，而且在市旅游管理、网信等部门协作配合下，不定期召开旅游平台企业诚信经营推进会以及约谈重点企业。2018 年 12 月，北京市文化和旅游局就针对预订承诺不兑现、退款不及时、电子合同签订不规范等问题对旅游行业 10 家在线旅游企业进行了行政约谈。不久前，北京市通信管理局会同市文化和旅游局、市网信办对北京马蜂窝网络科技有限公司的联合约谈引起热议，对马蜂窝网站和移动应用商店违反《互联网信息服务管理办法》规定及违反"九不准"内容没有尽到审查义务一事进行了严厉批评。

1. 旅游电商平台监管中的难点问题

在线旅游具有产品和服务与交易的非同步性以及消费行为的异地性等特点，再加上在线交易的虚拟性以及旅游市场自身存在的顽疾，使得在线旅游既存在传统旅游行业的不合理低价、旅游安全等问题，又存在在线交易的虚构交易量、"大数据杀熟"等网络交易的新问题。这些新老问题混杂在一起，给旅游监管带来了诸多难题。具体而言，存在以下监管难点。

（1）电商平台的经营者责任边界不清晰，法律责任难以界定

长期以来，我国立法上对旅游电商经营者、旅游平台等经营主体之间的责任边界没有明确的界定。我国《旅游法》第48条对在线旅行社的经营许可和信息发布要求做了规定，但立法没有涉及旅游电商平台的内容，也未将旅游电商平台明确为旅游经营者。

2018年7月发生的泰国普吉岛沉船事件，部分乘客参加的就是通过旅游电商平台定制的自由行。关于此次事件电商平台是有责任的，责任的类型如何定，争议很大。

再如，一些旅游电商平台对平台内旅游经营者资质审核不严格，对旅游产品进行虚假宣传、恶意搭售，任意屏蔽用户评价信息，对消费者不尽安全提示义务，侵害旅游者利益，其法律责任也难以界定。

（2）新型侵害旅游者权益问题难以通过传统监管来解决

在2019年3月，携程网因疑似"大数据杀熟"爆出丑闻，同样的机票只是换了个账号重搜就有了1500元的差价。虚拟预定、网络不合理低价游以及价格歧视等在线旅游交易中出现的新型侵害消费者权益的行为给旅游监管带来新的问题。

《电子商务法》虽然把涉及消费者切身利益的刷单、"大数据杀熟"、捆绑搭售、在线评论作假等在线旅游乱象纳入了法律监管范围，但在线旅游侵权案件面临着认定难、执行成本高等问题，使得在线旅游市场难以得到有效监管，行业乱象频出。

（3）缺乏顺畅的在线旅游纠纷处理机制

传统旅游监管奉行管辖权的属地原则，较容易界定旅游经营者的监管部门。在线交易中，旅游企业注册地与经营地在不

同地点，网站服务器与违法行为发生地在不同地点等情形比比皆是。这种情形常常令旅游者投诉"无门"，不知道应当向哪个地区的监管部门投诉，严重影响着在线旅游纠纷的解决效率。同时，旅游监管部门与公安、网信、电信等多部门的信息共享机制尚未形成，也给旅游电商平台的监管带来许多困难。

2. 对《在线旅游经营服务管理暂行规定（征求意见稿）》的评价

2019年10月10日，文化和旅游部发布了《在线旅游经营服务管理暂行规定（征求意见稿）》（下称《规定》），这是我国首次明确针对在线旅游领域的监管规定，引起了社会的广泛关注。《规定》共有五章四十二条，分为总则、运营、监督检查、法律责任、附则等部分。在以下五个方面有所突破。

（1）明确了平台运营者范围以及相关法律责任、社会责任和道德责任

《规定》明确了在线旅游企业和平台既是线下旅游行业的服务主体，又是在线电子商务平台的经营者，具有双重身份的法律地位，并在此基础上确定了三个方面的内容。一是明确了需要取得经营许可的平台运营者范围。平台经营者、平台内经营者、自建网站或通过其他网络服务提供在线旅游经营服务的经营者，都属于在线旅游经营者。二是强化了平台的资质审核、提示、预警、监督、处理、报告、保险等义务，进一步明确了平台主体责任。三是明确了平台的连带责任。按照最高人民法院关于旅游纠纷的司法解释，对平台做出了民事连带责任的规定。平台经营者知道或应当知道平台内经营者、履行辅助人提供的在线旅游经营服务不符合保障人身和财产安全要求或有其他侵害旅游者合法权益行为，未能及时采取必要措施的，依法

与平台内经营者、履行辅助人承担连带责任。

（2）体现了以问题为导向的立法原则

长期以来，在线旅游行业内的虚假预定、不合理低价游以及"大数据杀熟"等成为热点投诉问题，但一直未得到有效解决。现有的《电子商务法》中也没有明确针对价格歧视（"大数据杀熟"）的条款。《规定》在一定程度上，根据旅游业的特点，将电子商务法、网络安全法、旅游法、消费者权益保护法、侵权责任法等法律法规的相关规定继续细化以及具体化。《规定》明确指出，在线旅游经营者为旅游者提供在线预订酒店、机票、火车票、船票、车票、场所门票等产品或服务时，应当建立透明、公开、可查询的预定渠道，不得误导旅游者，不得以任何方式进行虚假预定。在线旅游经营者不得为以不合理的低价组织的旅游活动提供交易机会。在线旅游经营者不得利用大数据等技术手段，针对不同消费特征的旅游者，对同一产品或服务在相同条件下设置差异化的价格。这三个禁止性条款回应了在线旅游投诉的热点问题，具有很强的现实意义。

（3）建立起纠纷处理机制和预警公示制度

针对在线旅游投诉"无门"的情形，《规定》明确了旅游者可以选择向在线旅游经营者注册地、实际经营所在地、服务器所在地、旅游合同签订地和旅游目的地的任一县级以上文化和旅游行政部门进行投诉。

在线旅游企业注册地与经营地在不同地点，网站服务器与违法行为发生地在不同地点等情形在在线交易中比比皆是。针对此情形，《规定》明确：以对违法行为的企业注册地或者企业实际经营地进行管辖为基础；如果企业注册地和实际经营地无法确定的，由从事违法经营服务网站的信息服务许可地或者备案地进行管辖；没有许可或者备案的，由该网站服务器所在地管辖；网站服务器设置在境外的，由违法行为发生地进行管辖。

（4）建立了在线旅游行业信用档案制度

《规定》明确了在线旅游行业信用档案制度。通过全国平台公示企业的信用信息，将在线旅游经营者市场主体登记信息、行政许可、抽查检查、列入经营异常名录或严重违法失信企业名单、行政处罚等信息依法列入信用记录，向其他部门共享信用信息，对严重违法失信者实施联合惩戒措施。可以预见，《规定》和《旅游市场黑名单管理办法（试行）》《关于对文化市场领域严重违法失信市场主体及有关人员开展联合惩戒的合作备忘录》等文件将共同构建起我国旅游信用监管机制的架构。

（5）建立信息共享的联合执法机制

《规定》明确规定，文化和旅游行政部门会同市场监管、公安、网信、电信等部门建立信息共享机制，这对于各部门加强工作沟通与协作、开展联合执法等监督检查工作起到积极作用。

3. 完善旅游电商平台监管的对策

（1）完善相关法律法规，加大在线旅游法制建设

2019年，《电子商务法》正式实施。《电子商务法》对电子商务平台经营者的法律责任做了较为全面、细致的规定，该法不仅在第二章专门规定了"电子商务平台经营者"一节，对电子商务平台经营者的法律义务进行了全面的界定，而且在第六章的第80～84条专门规定了针对电子商务平台经营者的法律责

任。同时，我国《侵权责任法》和《消费者权益保护法》分别规定了网络服务提供者、网络交易平台提供者在网络用户、经营者侵权未采取必要措施情况下的连带责任。然而，根据旅游业的特点，将《电子商务法》《网络安全法》《旅游法》《消费者权益保护法》《侵权责任法》等相关规定予以细化、具体化的法律法规尚未出台。2019 年，《在线旅游经营服务管理暂行规定（征求意见稿）》发布，并向全国广泛征求意见。人们期待未来正式实施的《规定》能承担起这一使命。

（2）厘清在线旅游经营者与平台的法律关系，明确其法律责任边界

实践中，不少电商平台常常扮演着旅游经营者和电商交易平台的双重角色。如携程、同程、途牛、驴妈妈、美团等大的电商平台，他们既是电子交易平台，又是实际的旅游经营者。就电商平台的角色而言，它为其他经营者提供一个交易的平台，有义务对这些经营者的资质进行审核，并对其提供的服务进行如实的公示。厘清在线旅游经营者与平台的法律关系，是令其承担合理法律责任的前提。

（3）加强旅游产品的在线审核，建立产品价格监测机制

针对泛滥于网络的不合理低价游，监管部门应当发挥互联网、大数据的优势，对在线旅游产品的报价实施全面监控，一经发现涉嫌不合理低价游产品，立即对相关企业进行约谈或点名批评，责令下架不合规产品，将不合理低价游产品扼杀在萌芽中。

（4）建立在线旅游纠纷解决机制和线上综合监管机制

充分发挥 12301 旅游投诉举报平台的作用，积极协助消费

者维护自身合法权益。针对消费者反应强烈的"大数据杀熟"、不合理低价游以及虚假预订等问题重点监测，旅游监管部门应充分利用大数据分析，强化部门联动，会同通信、网信、市场等部门对在线旅游投诉信息进行动态的检测，掌握侵害消费者行为的特点和规律，定期发布旅游维权知识和预警信息，发挥舆论监督作用，曝光典型案例，震慑违法违规行为，提高广大旅游者的认知和防范能力。

（5）建立在线旅游平台经营者诚信档案机制

进一步发挥旅游市场"红名单""黑名单"的作用，设立曝光台对不良旅行社定期曝光，对"红名单"给予鼓励和宣传，并鼓励在线旅游企业建立有利于电子商务发展和消费者权益保护的质量担保机制。

（6）制定旅游电商平台行为规范和服务标准

规范电商平台的经营行为，严格法律责任，促进在线旅游企业合法合规发展。

（7）严格代理商准入制度

旅游在线平台要增强对代理商的品质把控能力，对产品的供应商、代理商资质履行审核的义务，对在本平台上销售的产品和服务进行审慎的筛选，例如通过实时房态监测、实时机票等技术监测手段，不断提升服务。自主提供产品和服务的在线企业，更应当与线下企业一样，合法合规开展经营，在产品设计、资源采购、签约销售、售后服务等方面承担旅游企业应承担的全部责任。

（8）加强行业自律，发挥行业组织的监管作用

线上旅游企业要针对各自具体的业态和模式开展必要的自

查自纠，进行更为精细化的内部管理和运营。同时，发挥行业组织的积极作用，促进在线行业标准、行业准则、行业信用等自律性规范的出台，发挥好管理约束作用，当好旅游行业自律的监督员。

第八章 星级酒店公共卫生监管

一 公共场所卫生

（一）公共场所卫生的含义

公共场所是提供给大众进行日常社会生活的各种场合的统称。[①] 对于公共场所的含义，学界一直没有一个确切的定义，通常我们认为公共场所就是提供各种场合或用地给社会公众进行有关社会活动的总称。大众意指由年龄、工作、国籍、民族、性别、人际关系以及身体健康状况不同的个人形成的流动性群体。而公共场所则是满足大众日常生活所需的建筑、设施与场所的总称。其中，日常生活所需基本包括：学习、工作、生计、文化、娱乐、习俗、人际关系、体育、医疗、宗教信仰、旅游、交易、休息、民居等。我国于 1987 年颁发《公共场所卫生管理条例》，该条例的适用范围是下列七类的公共场所。①三类美容

[①] 公共场所具有种类多、分布广、规模大小不一、经营稳定性差、人员构成复杂且流动性强的特点，属于卫生监管工作中较难管理的场所；同时，其服务面广，场所内人群集中、人流量大，如不加强卫生监管，极易导致公共卫生事件的发生，并引起多种传染病的暴发与流行。

和洗浴场所：理发店、美容店和公共浴室；②七类人际交往中心和休息场所：旅馆、酒店、餐厅、茶馆、车马店、咖啡厅、酒吧；③五类文娱场地：舞厅、影院、音乐厅、录像室（厅）和游艺室（厅）；④四类文学与艺术园地：博物馆、艺术展馆、图书馆和美术馆；⑤三类游玩和运动场所：游泳馆（场）、体育馆（场）及公园；⑥三类运输和医疗的场所：公共交通工具（如飞机、高铁）、候机（车、船）室及候诊室；⑦两类日常采购场所：商店（场）与书店。

卫生通常指优化和创造符合身心需要的生产条件、生活环境，从而对个体和社会采取的卫生措施，其目的是防范疾病，强身健体。在《灵枢》和《庄子·庚桑楚》中，我们均能寻找到"卫生"一词的踪迹。从现代汉语的角度看，"卫生"的含义是注重清洁，预防病害，利于健康。

从汉语词语结构上剖析"卫生"，"生"是名词，其有"生存"之含义；"卫"为动词，其有"保卫""防守"之韵味。"卫""生"二字组合成词，产生了保护生命、维护健康之意。"卫生"的名词含义是维护生命、保护身体的举措和行为，包括防范疾病和治疗的手段和措施。"卫生"作形容词词性时指"净洁"，这恰恰是守护健康的重要举措之一。

学术界对"卫生"的研究，已经是硕果累累。可是，不足之处正是在于学者大多将其定性为新的名词，并在此基础上开展研究。学者们把近代术语"卫生"的产生和传入我国的路径作为探索的要点，而忽略了我国传统社会对"卫生"的定义。实际上，传统文化背景下对"卫生"的定义恰巧是近现代概念的根基。

公共场所卫生的概念，从广义的层面出发，则包含了环境、水、食品、空气等方面。换一个角度，从学科的层面来说，公共卫生的研究范畴又隶属于预防医学，一直到新中国成立初期，"五大卫生"都归卫生部门管理。但是随着我国经济社会的发展，政府及相关机构的改革，以及各个历史时期所体现出来的各种卫生问题等，卫生部门一直保留的管理范围主要有预防治疗传染病、职业卫生中的放射卫生、室内微小气候的卫生变化，以及学校卫生等[①]。

根据一般的公共卫生调查报告分析得知：人口密集、人流量大、接触频繁、流动性大的公共场所内的各种供公众使用的设备未能做到完全有效消毒，甚至可能出现重复使用的情况，非常容易造成交叉感染或引发相关传染疾病的传播。因此，公共场所流动人群的健康状况与所处的环境及卫生状况有着十分密切的联系。

本书所关注的星级酒店公共卫生领域的主要职责包括传染病防治监督、消毒卫生监督、放射卫生防治监督、公共场所卫生监督、饮用水卫生监督等。公共卫生可分三大类：①对于场所的监管（公共场所、供水单位、星级酒店），②相关健康产品的监管（消毒产品、集中消毒餐饮具），③医疗卫生相关的监管（传染病防治、消毒隔离、放射防护）。

（二）公共场所卫生的内容

主要有8个方面：①室内空气干净无异味；②适宜人体的

---

① 赵诣：《上海市公共卫生领域加强事中事后监管研究》，中共上海市委党校2018年硕士论文，第13页。

微小气候；③良好通透的采光；④安静卫生的环境；⑤完善健全的卫生制度标准；⑥完好齐全的卫生设备；⑦从业人员无传染病；⑧健康生活行为的从业人员。这8项内容是对各类公共场所经营单位的基本要求。但不同类型行业有各自的具体要求和内容。

（三）公共场所卫生的要求

这里的要求包括公共场所的物理因素，例如住宿、洗浴、美容美发、文化娱乐、体育健身、文化交流、购物交易、等候时间、公共交通、室内空气质量、饮用水和用水、中央空调和通风系统，以及公共物品和器具的卫生要求。

二　星级酒店公共卫生监管

（一）星级酒店公共卫生监管的主体

通常来说，它是指各级卫生行政部门或法律授权的各类卫生监督机关。根据法律、法规、规章及规范性文件的规定，除食品监督部门外，农业、卫生、质监、出入境检验检疫、工商、粮食、环保、公安、工业和信息化等部门均不同程度地承担着星级酒店公共卫生监管的相关职能。

1. 星级酒店公共卫生多部门监管的现实与困境①

最近几年，国内大部分学者注意到多部门监管星级酒店公

---

① 马英娟：《走出多部门监管的困境——论中国食品安全监管部门间的协调合作》，《清华法学》2015年第3期，第37~40页。

共卫生安全的弊端，但鲜少学者深入探究考察合并有关部门是否就可以解决其中的弊端，更少有学者深入探究如何在多部门体制下促进部门间有效的协调合作，从行政法视角进行研究的更是严重不足。

我国星级酒店公共卫生领域的多部门监管结构由来已久。1982～1992 年，我国实行了"卫生部负责和多个部门共同负责"的混合管理制度，按照国有企业的隶属关系划分工业部门，按照"阶段"、"种类"和"职能"划分其他部门。自 1993 年以来，农业、卫生、药品安全和质量控制部门协调了分工、责任和安全监督。与此同时，公共卫生安全监督权的配置模式不断调整和完善，但多部门共享监督权的格局并未改变。

美国学者雅各布·E·格森（Jacob E. Gersen）按照四种类型对多部门监督进行归类，分别以系统性和独有性为原点结合两个机构的具体情况举例说明：①两个机构被国会完全毫无保留地授予所属领域的管辖权，且两个机构之间没有交集以及重叠的部分；②两个机构被授予不重复无交叉的同一区域不同类型的管辖权，但国会均保有一定的权力；③两个机构分别被赋予不同的权力，但两个机构之间的权力可能存在交叉重叠的地方，且被赋予的权利有不同的部分也有共同拥有的部分；④国会可能创造一个新的机制，使得每个机构被授予的权力有重叠但是一部分又不相交，造成各个机构均存在某些权力与其他机构共同行使，但国会并没有清楚地说明某项权力归属于哪个机构。现代公共事务治理的复杂性、开放性以及相互关联性，使大部分行政领域的内外分工、里外呼应不可能做到完全的泾渭分明。因此，以上所提到的第一种情况是一种理想状态，不具有现实可行性；第四种类型融合了第二和第三种类型的特征，是多部门监管体制的一种常态。我国的公共卫生安全监督管理体系是第四种类型机构的写照，被授予的权力既有重叠部分也有授权不明确，模糊不清的部分。

此类授权不明确、模棱两可的现象会引发多部门监管的许多弊端。

（1）加大监管成本

授权模糊不明确容易导致重复雇佣具有相同技能的工作人员来做同样的工作，他们重复收集、发布消息，检查，执法等，致使公共卫生安全监管体系难以规范。

（2）导致监管冲突

除了会加大监管成本外，在实际检查执行过程中，不同工作部门的差异化还会造成工作上的冲突。这不仅给一些不法者提供了钻空子的机会，还会引发群众对政府部门、法律机构的信任危机。

（3）造成监管缺位

在授权模糊不清的情况下，有关部门在工作上互相推卸责任，监管工作不到位，甚至还会为了一己私利出现争权夺利等恶行。

（4）降低监管效率

监管机构在缺乏统一领导的情况下，难以做到科学合理地配置资源，从而降低资源的监管效率。"争地盘是多部门监管体制下的必然结果，'在该体制下各部门都优先考虑本部门的利益'。"①

---

① Rrchard A. Merrill&Jeffreyk. Francer, Organzing Federal Food Safety Regulation, 31Seton Hall. L. Rev. 61 (2000~2001), p. 128.

（5）导致问责困难

面对星级酒店的公共卫生问题，分散的监管结构使得任何机构都不可能代表政府发布指令、分配资源、处理危机，也不可能让任何机构对所有卫生安全问题负责。职责不清造成相互扯皮，最终导致问责困难，进一步加剧了监管的低效率性。[①]

2. 域外法比较与借鉴[②]

借鉴发达国家（地区）的经验，破解星级酒店公共卫生多部门监管的弊端，主要有两个路径：一是由多部门监管转为由某一机构全权负责，也就是整合现有的监管机构；二是保持多部门监管的框架，同时加强部门间的协调与合作。反观我国，要求合并现有机构和实施食品安全监管体系改革的呼声并没有停止，[③] 地方改革的试验也没有停止。

将保障星级酒店公共卫生和安全的各项责任归并为一个责任明确的安全监督机构，是大有裨益的。然而，"令人遗憾的是，对于大多数国家来说，建立基于单一机构的新的卫生监管体系的机会很少"。

（1）合并成本

合并虽然可能会对监管的有效性和问责方面有一定程度的改善。但合并机构也是有成本的，包括直接和间接成本。直接

---

① 黄家秀：《浅谈我国网售食品安全问题与对策》，《经济师》2019 年第 1 期，第 48 页。

② 马英娟：《走出多部门监管的困境——论中国食品安全监管部门间的协调合作》，《清华法学》2015 年第 3 期，第 41～43 页。

③ 2014 年 1 月 1 日，原上海市浦东新区的工商、质监、食药监部门完成"三合一"整合，成立"浦东新区市场监督管理局"；2014 年 7 月 30 日，原天津市的工商、质监、食药监三部门合并，成立天津市市场和质量监督管理委员会；等等。

成本则以行政成本与服从成本为主。[①]

美国政府问责办公室（GAO）曾对加拿大、丹麦、爱尔兰、英国、德国、荷兰、新西兰7个国家食品安全监管体制重组和合并的情况进行研究，在不考虑昂贵的成本前提之下，合并对于监管体制是有利的。丹麦做过一项统计调查，倘若要对机构进行重组合并，必须购置新的数据系统、实验装备、办公地点，而且还需要考虑对于离职员工的补偿，仅仅是简单的几项启动项目所必需的开销就高达2.6亿美元，足以新建监管机构——丹麦兽医和食品管理局。在没有把生产、制度架构的经验不全面和多部门收入的损失纳入考虑范围的情况下，其资金额已经占2000年财政预算的21%。

在中国，整合就意味着将公共卫生和安全领域十几个部门的监管权力统一到一个部门。我国具有卫生安全监督权的机构分别有农业、卫生、食药监、质监、粮食、工商、环境等，从以上诸多部门中收回公共卫生安全监管权，将原来分散的众多部门合并重组成一个全新的统一职能的机构是一项大规模的变动，耗时耗力，成本高昂。而且，短期内无法保证新的合并组

[①] 持公共利益理论的学者认为，和任何事物一样，多部门监管体制既有坏的一面，也有好的一面，用多部门监管潜在的优势可能是立法机关分散授权的初衷。相对于单一机构集中监管，多部门监管体制可能的优势包括：①发挥特长，各监管机构对其管辖权限内的监管事项具有丰富的专业知识，可以保证监管机构做出更好的决策；②激励竞争，立法机关之所以把某一方面的监管权授予两个或两个以上的机构，可能是有意将职能重叠或者空隙作为一种激励机制，激励这些机构发展专业知识和技能，形成不同机构间的竞争；③有利监督，多部门监管能够建立部门间的相互监督机制，减少立法机关的监督成本；④防范失败，多部门监管还可以防范单个机构的失败，在其中一个机构疏于履行职责时提供另外的防范机制。参见 Jody Freeman & Jim Rossi, Agency Coordination in Shared Regulatory Space, 125 Han. L. Rev. 1131 (2012) PP1138 - 1143; Jacob E. Gersen, Overlapping and Underlapping Jurisdiction in Administrative Law, Sup. Ct. Rev. 201 (2006), pp. 208 ~ 209。

织架构能较之前的分散架构更有效。

（2）国情制约

除成本外，还需结合实际国情来考虑合并是否能解决上述的各种弊端和问题。上述进行重组和合并的国家的共同特点是①经济发达，人口少，人均收入高，对生活水平要求高；②法治体系完善，社会自治程度高。而中国区域经济发展水平不平衡，人均 GDP 较低，由单一部门承担保障星级酒店公共卫生安全责任，目前恐怕尚不具备这样的条件。

3. 路径依赖①

我国星级酒店公共卫生与安全领域的多部门监管框架不是一蹴而就的，而是中国特殊国情下的长期历史产物，与我国的政治、经济、文化和社会背景，尤其是经济体制和行政体制密切相关。以公有制为基础，我国从新中国成立初直到 1978 年一直实行计划经济和政企不分的单一制度，这一时期多部门管理体系职责权限是按照国有企业隶属关系的标准划分的。1978 年改革开放之后，党和国家致力于经济体制和行政体制改革，食品安全形势日益复杂。工商、农业、质量监督、进出口检验检疫、食药监等部门先后承担了卫生安全监督的责任，形成了多部门监管机制。无论其一开始的目的以及最终导致的结果如何，会产生一种惯性，存在"路径依赖"现象，造成昂贵的改革成本。换言之，监管权一旦分散配置，立法机关将很难合并或者减少机构的权力。这也就不难理解为何中国历经多次改革仍难以根除"职能越位、职能缺位、职责交叉、权责脱节、争权诿

---

① 马英娟：《走出多部门监管的困境——论中国食品安全监管部门间的协调合作》，《清华法学》2015 年第 3 期，第 43～44 页。

责、机构重叠"等弊病。[1]

4. 星级酒店公共卫生安全问题自身的复杂性[2]

支持机构合并权责的学者、官员往往会强调多部门监管容易导致问责困难、效率低下等问题，但要想解决上述问题，可以设法增加投资和法定权利，而不是仅仅依赖合并卫生安全监管部门。除此之外，问责困难、重复检查执法等问题，可以通过合并来改善，也可以通过完善改进各部门间的协调合作来得到缓解。但是有些问题，比如细菌病原体、生物病毒恐怖主义、监管低效等，单单靠合并管理机构是解决不了问题的。对比国外，实行了重组或者合并的国家，也只是确立了某个单一的机构承担主要领导责任，由两个以上的机构共同承担监管职能。在我国这样一个人口众多、人口密集、经济发展不平衡、社会自治程度低的国家，建立一个单一系统的成本非常高，并且一个单一系统可能无法有效解决所有多部门监督问题。因此，加强各监管机构之间的协调与合作则是更加现实可行的。

（二）星级酒店公共卫生监管的依据

1. 政府规制理论[3]

（1）政府规制的含义

政府规制（Government Regulation），又被翻译为政府干预、政府调节等。其含义已逐步综合演变为政府利用相应的法律规

---

① 马凯：《关于国务院机构改革和职能转变方案的说明》，2013。
② 马英娟：《走出多部门监管的困境——论中国食品安全监管部门间的协调合作》，《清华法学》2015年第3期，第44页。
③ 赵诣：《上海市公共卫生领域加强事中事后监管研究》，中共上海市委党校2018年硕士学位论文，第9~10页。

范来干预引导市场上的经济活动。

我国学者在总结归纳国外学者基本观点的基础上，对于规制的定义也做出了相关的解释。一些学者认为政府规制是指对私营部门活动的某种规范或管制，如价格管制、数量管制或经营管制。从法治角度来看，规制是政府根据有关法律法令、规章制度，对市场主体，包括公共部门和私人部门的企业组织、事业单位及个人的经济活动进行规范和制约的一种管理方式。比较全面的定义应当是，政府规制以及规制者是独立的，受到法律保护的，被法律合法授权来管理一般的社会公共机构和组织，干预市场失灵以及维护市场主体的利益，严惩侵犯社会共同利益的主体。以上的规制行为与目标均在法律法规允许的基础上进行。① 综上所述，政府规制的目的是依法通过公共部门或者私人部门来干预、引导市场经济活动，以规制市场。

（2）政府规制的流派

按照政策目的和手段的不同，政府的规制可以分为直接和间接两大类。直接规制是在法律框架内利用某些方法直接参与市场经济主体的决策。间接规制则不直接介入经济主体的决策过程，仅起到约束的作用。政府部门实施直接规制，司法程序实施间接规制。

直接规制的手段可以依据微观经济学政策性质的不同进一步划分为经济性规制、社会性规制。经济性规制是指政府规制机构在相关法律法规支持的前提下规制商品或服务本身的如数

---

① 韩中华、付金方：《西方政府规制理论的发展及其对我国的启示》，《中国矿业大学学报（社会科学版）》2010 第 1 期，第 38～40、52 页。

量、质量、价格等，其主要是防止资源垄断或资源配置不均；①而社会性规制是指通过制定一系列相关标准来规范市场上供应物品的质量和安全，并禁止部分特定行为，从而达到保护各方主体安全卫生的目的，也就是要规制经营企业的整体行为。

西方的政府规制始于美国经济学家 G. J. 施蒂格勒在 1971 年发表的《政府规制论》，这对政府规制理论的演化具有深远的影响。回顾 20 世纪以来的西方政府规制理论的研究，它经历了"市场失灵与政府的矫正措施"、"检视规制政策的效果"、"寻求规制政策的政治原因"和"政府规制中的激励的问题"4 次主题变迁，形成了公益规制理论、部门利益规制理论、放松规制理论和激励性规制理论等流派。②

2. 政府规制理论对加强事中事后监管的适用③

（1）政府规制理论演进体现了加强事中事后监管的重要性

总的来说，西方国家政府规制理论经历了从"建立政府规制"，到"强化规制"，再到"放松规制"这样几个阶段。20 世纪 80 年代前后，西方国家出现"政府失灵"和逐渐扩大的"放松规制"。在目前市场经济发展较成熟的阶段，减少政府干预活动，让经济主体充分合理地发挥配置资源的作用是当前的大趋势。

中国为了提高治理能力、保障公共安全、释放改革红利、激发市场主体的活力和创造力，开始转变政府职能。因此，取消审批、着重加强事中事后监管等，是当前我国深化改革与建

---

① 谢地主编《政府规制经济学》，高等教育出版社，2003。
② 韩中华、付金方：《西方政府规制理论的发展及其对我国的启示》，《中国矿业大学学报（社会科学版）》2010 年第 1 期，第 38～40、52 页。
③ 赵诣：《上海市公共卫生领域加强事中事后监管研究》，中共上海市委党校 2018 年硕士学位论文，第 10～13 页。

设市场经济的规制手段。

（2）政府规制理论对加强事中事后监管的适用

从"政府—市场"双重定位到"政府—市场—社会"的三位一体，这一演变体现了规制的设计模式选择偏向多元化治理。在新规制框架下，通过非传统的市场手段为政府与企业提供大量的激励性机制，引导社会各方参与制定、执行、监管社会规章制度，同时能够减轻规制部门的负担，有效提高规制效率。[①]

（3）规制理论选择的多种监管方式对事中事后监管的借鉴

政府规制根据政策目的和手段的不同被分为直接规制与间接规制。直接规制又依据微观经济干预政策性质的不同被分为经济性规制和社会性规制。从社会利益的角度出发，社会性规制的公正和安全原则的重要程度远大于经济性规制的效率原则。经济性规制的调整主要适用于倾向垄断型的产业，其调整范围较小，本研究不再阐述，只是着重讨论政府社会性规制在加强事中事后监管中的运用。

社会性规制主要运用于健康安全、保护环境、维护消费者权益等领域，其首要解决的问题是，供求双方在市场的经济活动中所接收的关于产品质量安全信息的不充分，若需同时满足供求双方的需求，在不受规制的市场中难以达到此目标。信息不对称和涉及除了买卖双方以外第三方涉入交易活动的问题将对交易之外的第三人产生不利的影响。[②]

---

① 王爱君、孟潘：《国外政府规制理论研究的演进脉络及其启示》，《山东工商学院学报》2014年第1期，第109~113页。

② 〔英〕安东尼·奥格斯：《规制：法律形式与经济学理论》，骆梅英译，中国人民大学出版社，2008。

社会性规制工具，以国家干预程序的不同程度为标准划分为五种规制形式：信息规制——"私"的规制——经济工具——标准——事前审批。"信息规制"，即强制规定商家公布商品的质量、安全等信息细节；"'私'的规制"，主要指合同上的条款，并在侵权责任的基础上加以调整；"经济工具"，主要是指通过一些经济上的手段来调节控制市场；"标准"，是指通过制定一系列标准且通过国家强制力来约束实施；"事前审批"，较为容易理解，即在没有获得行政机关或机构审批批准的行为措施等是禁止的。

社会性规制的五种规制方式，前四种均属于事中事后监管的方式。从简政放权的大趋势来看，为更好地保障公共安全，激发市场活力迟早被事中事后监管取代。从规制的概念来看，规制的最初目的是调节市场失灵和交易失灵，但并不是舍弃市场或者以规制来替代市场，而是要通过发挥市场作用来解决市场失灵的弊端。所以，市场经济体制是政府规制的基础。它具有双重含义：其一，必须在市场自发调节的基础上，市场失灵在限制范围内进行资源配置，对于调整资源配置，政府只做微观规制；其二，政府规制的目的不是替代市场而是为了改善市场，发挥市场自发机制的作用。[①] 放松规制不是不规制，而是为了更好的规制，也正是本研究所关注的：通过加强事中事后监管来对公共卫生领域进行规制。

3. 法律依据[②]

当前，我国公共场所卫生监督依据的法律法规体系由卫生

① 任超锋、朱昭霖：《中美政府规制的比较制度分析》，《云南财经大学学报（社会科学版）》2008年第3期，第37~41页。
② 刘涛：《宜兴市公共场所卫生监管的现状、存在问题及对策研究》，东南大学2018年硕士学位论文，第12页。

法律、卫生行政法规、卫生地方性法规和规章、规范性文件等组成，通过颁布实施此类法律法规文件，更好地管理公共场所卫生，使其规范化，保障人民群众的健康安全，有利于社会和经济协调发展。

三　星级酒店公共卫生监管的创新

（一）星级酒店公共卫生监管的现状

我国星级酒店公共卫生状况总体较好，但公共场所内从业人员流动快且对卫生安全方面的培训不够及时导致从业人员卫生意识观念弱的问题。特别是有些星级较低的酒店，从业人员变动快到连健康证都来不及办理，更不用谈卫生健康安全培训了，从业人员素养参差不齐导致不时发生公共用品未消毒的现象。

2019 年 2 月 22 日，全国旅游星级酒店评定委员会发布公告表示，湛江恒逸国际酒店、东莞悦莱花园酒店、无锡雷迪森广场酒店、常熟虞山锦江饭店、昆山一醉皇冠酒店、三水花园酒店、宜兴花园豪生大酒店等 7 家酒店在暗访抽查中被发现严重的卫生健康以及消防安全问题，相关部门取消了它们的五星级资格；此外以下酒店被下令 12 个月内做出整改，分别是东莞市汇华饭店、太仓花园酒店、珠海市昌安假日酒店、深圳求水山酒店、深圳市宝亨达国际大酒店、中山市古镇国贸大酒店（中山国贸逸豪大酒店）、广州科尔海悦酒店、南京明发珍珠泉大酒店、南通新有斐大酒店、南京丁山花园酒店等 10 家酒店。上述酒店被抽查出的主要问题有：酒店客房长廊过道等公共区域地面有明显污渍；酒店餐厅就餐区天花板漏水发霉；酒店客房浴室内洗手盆清洁不到位，有毛发等残留物；公用卫生间卫生状况堪忧；客房电热水壶锈迹严重；灭火器等消防设施超过使用期范围，消防栓长期未进行检查且缺失消防检查记录；酒店路面墙壁转角处等指示标识不全，安保管理松散，无礼宾、送餐、开夜床服务，游泳池无救生员在岗值守等。[①]

案例一　卫生漏洞频出，7 天连锁酒店四面楚歌

近日，针对在网上广泛传播的一则"7 天酒店床单疑似呕吐物"的视频事件，7 天连锁酒店做出回应，并表示将引以为戒，加快门店的改造升级以及加强对门店的卫生管理和监督。

虽然 7 天连锁酒店迅速做出回应且道歉态度诚恳，但该酒店屡次出现此类情况让消费者依然保持着怀疑以及观望的态度。2016 年 4 月，7 天连锁酒店等多家快捷酒店被有关媒体曝光行业的内幕，酒店将给客人使用的床品、毛巾等承包给第三方来洗涤消毒，而第三方在没有把物品进行分类的情况下就直接将带有血渍、呕秽物等不同程度污渍的床品用火碱等有害的化学物品进行洗涤，床品等顾客用品的 PH 值超出标准要求，危害顾客的健康。2018 年 12 月底，7 天连锁酒店等被拍到"暴力洗白"床单，随后视频被放到网上。2019 年 2 月铂涛酒店集团旗下的丽枫和 7 天连锁酒店再一次被消费者投诉，指出酒店客房

---

① 文化和旅游部：《行业自律与行业监管并举提升星级饭店服务质量》，文化和旅游部网站，http：//www.gov.cn/xinwen/2019－02/22/content_5367769.htm，访问日期：2019 年 11 月 15 日。

部工作人员在清洁过程中用毛巾来擦拭马桶等。2019年5月在深圳市卫生监督部门集中开展的专项整治行动和卫生信誉等级评定复审工作中，7天连锁酒店等被给予"降级"的处理。

高级经济师、华美顾问机构首席知识官赵焕焱指出，酒店行业的底线是良好的卫生环境和人身、财产安全，频繁被曝出的卫生问题也从侧面反映了这些酒店在管理上出现了问题。不少行内人士将7天连锁酒店频繁出现的卫生问题归结于酒店成本高、企业业绩下滑的背景下，酒店过度压缩成本所致。

一位匿名的酒店管理人员表示，这几年经济型酒店的业绩一年不如一年，而酒店成本却不停地往上涨，不少酒店只能通过牺牲卫生标准这一对策来压缩成本。一方面压缩打扫客房服务员的薪酬，或者直接外包给第三方。另一方面，对更换床单和清洁客房等工作缺乏监管，导致卫生问题频繁出现。

案例二　五星酒店卫生问题背后：
清扫过程难监管，多扫一个房间多挣10元

五星级酒店的消费者信用危机再次来临。网友"花总丢了金箍棒"（以下简称花总）通过在社交平台发布视频曝光了多家五星级酒店服务员在清扫客房时使用脏毛巾来清洗杯子和洗手池，甚至清扫马桶也是用的同一块脏毛巾等一系列不按规范的操作。

在视频中，花总直接挂出上海浦东丽思卡尔顿酒店、上海外滩华尔道夫酒店、北京柏悦酒店、贵阳贵航喜来登酒店、上海四季酒店、上海宝格丽酒店、福州香格里拉大酒店、南昌喜

来登酒店等 14 家知名五星级品牌酒店的视频。视频记录了酒店保洁人员使用脏浴巾擦口杯、洗手盆、水龙头的全过程，比起之前"马桶刷刷杯子""住酒店被传染性病"等新闻，这波还算温和的新闻报道却依然掀起热议……

使用刷过马桶的脏刷子来刷洗杯子会使马桶刷上携带的大量大肠杆菌污染茶杯，实现传说中的粪－口传播途径。大肠杆菌是普遍存在于动物体内的兼性厌氧型菌。其具有有氧可呼吸、无氧能发酵的"开挂"属性，使其可以离开宿主长期存活，所以它们无处不在。虽然多数大肠杆菌不致病，甚至可在医学中作为益生菌剂治疗各种胃肠病、肠道炎症疾病，但致病性大肠杆菌能导致腹膜炎、肠胃炎、败血症等疾病。所以使用马桶刷刷杯子的行为与投毒没有区别。

那视频中的脏浴巾擦口杯会降低健康风险吗？浴巾上也可能存在致病性大肠杆菌，与马桶相比只是数量多少的差别，此外浴巾上还可能携带其他病毒、细菌，导致其他类型的疾病。

11 月 16 日，一张微信群聊截图在网上流传。该截图内容如下：在某微信群内，一位名字为"贵阳希尔顿花园 GSM ERIN"的网友上传了花总的护照信息，并通知群友注意此人。在此截图被曝出来的当天，贵阳汉唐希尔顿花园酒店回应正着手核实此事。

花总针对此事在其微博回应称，"贵阳希尔顿花园，你们这种酒店我是不会去入住的，另外，你们违法了。"

一位五星级酒店从业者对 AI 财经社透露，此类事件并不少见，一般查房时酒店主管也只是看一下，并没有专门的设备仪器去检测微生物和菌落的存在。

该酒店从业者还表示，原则上来讲，该视频上的员工该被开除。

这一次的信任危机对于五星级酒店来说，已经不是第一次了，仅2017年的3个月内五星级酒店便连遭两次打击。

2017年9月4日"蓝莓测评"公布北京W酒店、北京三里屯洲际酒店、北京希尔顿酒店、北京JW万豪酒店以及北京香格里拉饭店等5家五星级酒店的调查视频，用此指出上述星级酒店没有及时并且彻底打扫住客退房后的房间。

视频中，拍摄者在房间内的床单、枕套、浴缸、漱口杯、被单等用品上做好荧光标记后弄乱房间，假装住过之后去酒店前台退房，并在第二天再次预定同一间房，经检查发现，前一天所做的标记仍然停留在原位置。

通过视频的内容得知，这五家酒店都未及时对已退房的房间进行彻底地清洁，既没有及时更换床品也没有彻底清扫浴缸。其中3家酒店直接不更换床品，没有做到为每一个客人提供干净的床品服务，部分酒店的漱口水杯和马桶坐便器清洁消毒工作做得不彻底等。

3个月后，"梨视频"再度发出质疑酒店卫生的相关视频。梨视频的拍客伪装成房嫂的身份进入哈尔滨凯宾斯基酒店、哈尔滨香格里拉大酒店和哈尔滨香坊永泰喜来登酒店3家五星级酒店进行见习。

视频拍到酒店房嫂在打扫房间过程中，使用不符合操作标准的抹布和客人使用过的浴巾来清洁马桶和擦拭地面，在清扫马桶和浴缸时用同一把刷子，并且没有及时更换床品和浴巾等需要及时更换的顾客用品。

一位酒店从业者对 AI 财经社表示，大多数酒店在员工管理制度上有明确规定，如果使用浴巾或面巾清洗马桶轻则扣部分工资，重则开除。

花总在接受财新网采访时表示，在酒店卫生这件事上，怪服务员是不对的，"服务员只是一个结果，所有问题都出自酒店自己管理上的放松"，并表示发布该视频是为了曝光五星级酒店管理出现的问题而不是针对酒店服务员，"不希望因为这个视频让他们失业"。

这位酒店行业工作者对 AI 财经社抱怨称，此类事件的根源在于服务员工作强度大、收入低，还经常会被顾客摆臭脸。

该从业者称，一般整理一间房间的标准时间大概是 20 分钟到半个小时左右。房嫂的工资一般是以底薪再加上计件来核算，"比如一个房嫂每天最少要做 10 间房，那她今天做了 12 间房，多出来这两间就是多赚得，不过钱也不多，做一间房 8~10 元的样子"。

国外高星级酒店卫生状况同样堪忧。

关于酒店行业卫生状况堪忧的报道并不鲜见，美国媒体也曾多次报道本国酒店环境恶劣的消息。

1991 年，美国一受害人在法庭上提供的一项物证是事发时所住的印第安纳利斯一家高星级酒店套房的床单，结果法医不仅在床罩上检测到被告人的体液，还有之前的几位房客的体液。

庭审结束后，美国的酒店业协会被大量民众提出质疑，要求给出官方说明，该协会针对此事做出回应称，"美国疾病控制与预防中心从未发现任何疾病流行爆发是因为酒店的床品用具清洁消毒不到位"。

另外，根据商业周刊的报道，2008 年 ABC 电视台在位于堪萨斯城、辛辛那提和巴尔的摩的 15 家酒店安装了摄像头，来调查以上酒店清洁水杯的情况以及过程，结果是有 11 家酒店没有按照规定将水杯拿到指定的区域进行消毒清洁。

在堪萨斯城假日酒店，员工擦干玻璃杯所使用的毛巾是员工用来擦过手的。另一家酒店保洁人员在清洗杯子的时候虽然使用了清洗液，但不幸的是被摄像头清晰地拍到清洗液的瓶身上印着"严禁使用"的字样。

在辛辛那提的一家大套房酒店，隐蔽摄像头拍到员工用脏毛巾擦拭水杯和咖啡壶。辛辛那提的卫生部门人员对此做出回应称："此行为严重危及顾客的生命健康。"

2007 年，福克斯电视台调查记者达娜·福勒便在亚特兰大的 5 家酒店内完成过类似调查，发现：工作人员在对饮用水杯的清洗过程中没有使用清洁剂、热水，仅仅是在浴室里用冷水进行简单的冲洗，再拿脏毛巾或者抹布擦拭干净。更令人咋舌的是，其中一名员工在清扫客房时使用同一副手套来清洗厕所和杯子。

一家韩国媒体也对该国酒店进行调查，调查的 3 家五星级酒店，有两家酒店的清洁人员是使用马桶刷来清洗水杯。

前述酒店从业者对 AI 财经社称，按照她所在的酒店标准，房间里的杯子擦干净之后没有毛，没有一点灰尘，没有一点水渍，放灯光下是干净的就可以，至于它是如何变干净的，没人会问。"除非你待在房间里一直看着她打扫，这样的话清洁标准可能会比酒店的要求还要高。比如洗手间的口杯，她会拿真正经过消毒的杯子换给你用。"

案例三　五星级酒店卫生状况被曝光　罚金为何"洒洒水"

深圳市公安局于 2019 年 1 月 9 日处罚深圳某酒店经理,并对该涉事人泄露某网友个人信息的行为予以 500 元罚款以及 7 天行政拘留的处罚。这位网友的网名为"花总丢了金箍棒"(以下称花总),在 2019 年 11 月揭发了许多五星级酒店的卫生状况。花总个人信息遭到非法泄露之后,引起网友对于酒店非法泄露个人信息的担忧。

经过北京青年报记者的调查,14 家被用户爆出存在泄露个人信息的酒店中,12 家被公安机关予以 2000 元处罚以及警告,在被处罚的经营机构中,只有一家是以逾期不改正为由予以 15000 元的处罚。这个罚款力度明显不足,本案的当事人以及网友都表示希望此次卫生事件可以促进相关法律法规的完善。专家认为被处以行政处罚不是星级酒店的唯一损失,其更大的损失是被处以行政处罚后社会对其评价的降低,声誉受到影响。相比于行政处罚,声誉造成的损失是星级酒店最大的创伤。

事　件

行政处罚 2000 元,竟然比房费低。

2019 年 11 月,花总在微博上发布了我国许多星级酒店的工人用不洁净的毛巾擦拭杯子和马桶的相关视频。在此次曝光之后,多家被报道的酒店公开致歉。同年 12 月 30 日,花总在微博上指责深圳某酒店经理彭某违反相关的法律法规将其个人信息泄露出去,并称其已经向警方寻求法律帮助。随后,深圳公安局发表声明称,彭某已被予以刑拘 7 日和罚款 500 元的处罚。

公安局对彭某处罚的通报公之于众后，再次把酒店卫生事件带回公众的视野范围内。根据北青报记者的了解，视频中出现的 14 家五星级酒店，其中有 13 家已经根据不同的违法状况受到了相应的行政处罚。余下一家位于贵阳的酒店需要走听证程序，处罚决定需要结合听证的结果进行裁定，故仍未做出行政处罚。14 家被用户爆出存在泄露个人信息的酒店中，11 家被公安机关予以 2000 元的处罚。其中南昌市卫生部门公开表明，南昌市喜来登酒店仅仅予以 2000 元以下的罚款。

在罚款金额公布以后，网友纷纷对过低的罚款金额的合理性产生怀疑，2000 元对于星级酒店来说是其一晚上的房费，处罚力度是远远不够的，不仅不能对酒店产生惩罚性，也不能对同行产生威慑力。

盘　点

被曝光的星级酒店，被处罚的原因大部分是未按规定进行消毒。

北青报记者观察得出，《公共场所卫生管理条例实施细则》是我国对公共场所卫生状况治理的纲领性法规，各个地方的实施办法是根据此细则制定。《公共场所卫生管理条例实施细则》中表明不根据相关操作规范标准来清洗、消毒顾客使用的物品或者重复使用一次性用品的，会被处以警告并且在规定期限内整改，超出整改期限没有完成整改的会被处以 2000 元到 20000 元的罚款，情节严重者被勒令停业整改。

2018 年 11 月 23 日，北京市朝阳区卫计委以没有按照固定标准清洁消毒提供给顾客使用的物品为由，按照相关规定对北京康莱德酒店和北京柏悦酒店进行警告和 2000 元的罚款。相比其他被处罚的五星级酒店，北京地区的 4 家酒店罚款金额相差明显。同月 30 日，东城区卫计委对北京王府半岛酒店所属的王府饭店进行处罚，其理由和处罚力度与上述一致。

相比之下，北京颐和安缦酒店却以同样的理由被处以 15000 元的罚款和警告。北京市海淀区卫计委法制部门对此做出的解释称，北京颐和安缦酒店是受到处罚力度最大的酒店之一，原因是该酒店超过整改期限内的时间，违反了《公共场所卫生管理条例实施细则》中的相关规定，因此加重处罚。

在花总曝光视频以前，北京市海淀区卫计委就已经对北京颐和安缦酒店所属的北京颐和园宾馆有限公司做出过一次行政处罚决定，责令其在规定限期内进行整改。北京颐和安缦酒店此次是再次违反此规定，故以逾期不改正为由进行高额处罚。

按照贵州当地媒体调查得知，在花总曝光之后，贵阳市南明区卫生监督局对喜来登做出 20000 元的处罚，但是喜来登不服处罚决定，要求对此次卫生事件进行听证处理，所以目前对于喜来登酒店的处罚公告暂未发出。

未　来

花总坦言处罚较"轻"，希望推动行业改进。

面对相关部门做出的行政处罚决定，花总认为相关部门介入及时，但是从另一种层面来看，行政处罚力度仍然远远不够。

行政处罚的罚款相对较低的原因在花总看来是《公共场所卫生管理条例实施细则》及其地方相关规定较落后，随着时代的发展，其制裁力度已经不足以起到威慑作用，所以花总希望此次风波能推动立法的发展，完善卫生监督相关的法律法规。

中国社会科学院旅游研究中心名誉主任张广瑞表示，此次对星级酒店的罚款金额数目虽小，看似对酒店的损失也小，但对其社会信誉的影响是我们看不到。

针对酒店行业清洁工作中违规操作屡禁不止的现象，张广瑞表示其根本原因是工作人员的素质不高，违规操作的情况没有有效的机制来规范。五星级酒店的行业卫生标准是足够高的，但是在实际操作中，执行主要依靠自律，这会影响整个酒店行业的健康发展。

（二）存在问题的原因[①]

1. 处罚显著轻微

上述案例涉及的星级酒店，既违反了政府相关部门的规章，也违反了酒店的内部规范。

《住宿业卫生规范》第二十二条第（三）项明确规定："清洁客房、卫生间的工具应分开，面盆、浴缸、坐便器、地面、台面等清洁用布或清洗刷应分设"。根据《公共场所卫生管理条例实施细则》第三十六条第（二）项规定，公共场所经营者未按照规定对顾客用品用具进行清洗、消毒、保洁，或者重复使用一次性用品用具的，"由县级以上地方人民政府卫生行政部门责令限期改正，给予警告，并可处以二千元以下罚款；逾期不改正，造成公共场所卫生质量不符合卫生标准和要求的，处以二千元以上二万元以下罚款；情节严重的，可以依法责令停业整顿，直至吊销卫生许可证"。

---

① 汪明军：《金华市公共场所卫生监管存在的问题及对策研究》，湘潭大学 2016 年硕士学位论文，第 20 页。

相关酒店涉事后，应当由政府相关部门对涉事酒店调查取证并加以处罚。然而，卫生部门处以 2000 元以下罚款，惩罚力度显著轻微，难以起到惩戒的作用。

2. 卫生监督执法队伍薄弱

通过调研的相关数据可以得知，一名监督员负责若干个街道、几百间乡镇公共场所。每位监督员承担了庞大的卫生监督工作，无法保证质量与效率，从而导致卫生监督工作收效甚微。随着物质生活水平不断提升，公共场所卫生的安全性和重要性成为居民考虑的要素之一。这反映了大众对公共场所卫生监督执法队伍建设的新要求，我们需要借鉴专业的管理模式，提高公共场所卫生监管水平。

3. 卫生监督执法手段和技能仍需深入完善和提升

根据调查研究，卫生监督执法队伍力量单薄，监督人员往往是一人承担几项任务，而且其执业能力、水平参差不齐，时常出现执法不严、有法不依的情况。卫生监督员执法能力不足受制于以下因素：一是繁重的工作量使卫生监督人员无暇提升自身能力；二是卫生监督人员岗前培训的经费不足。

4. 星级酒店公共场所经营主体法律意识淡薄

一些企业主和公共场所的工作人员没有接受岗前统一卫生管理培训，自然难以具备良好的卫生知识和法律意识，同时也无法保障公共场所从业人员能够正确开展卫生监督工作，导致部分公共卫生和卫生监督工作质量得不到保证。当前小型公共场所公共用品用具消毒一直是一个严重的问题。小型公共卫生场所管理制度不健全，人员素质普遍偏低，是导致其卫生管理机制不能有效实施的主要原因。

（三）星级酒店面临公共卫生监管的挑战

随着我国医学教育革新和医药卫生体制改革的进一步展开，公共卫生将接受全新的挑战和迎来更广阔的发展空间。但人口爆炸、人口老龄化、慢性病防治、精神卫生、资源浪费、意外伤害、环境污染及生态平衡等因素，对新兴公共卫生问题构成挑战，需要实施相应的对策予以应对。相关资料表明，预防医学教育被赋予更高的期望，医学教育随着公共卫生服务模式的转变而革新。随着社会对公共卫生的需求变化和新时期卫生工作重点的转移，公共卫生行政执法监督体系亟待加强。为此，我国颁布和实施《中共中央 国务院关于卫生改革与发展的决定》，为中国发展特色的公共卫生事业奠定了政治基础。公共卫生在许多领域存在诸多问题，如各级政府之间的职责分工不明确、农村公共卫生内部补偿机制不完善、卫生服务保健网关系功能弱化等。[①] 为解决公共卫生问题，应加强政府责任、完善可持续公共卫生投资机制、充分发挥公共卫生网络的整体功能。

非典、禽流感等全球性疫情的出现，传染病等突发卫生公共事件的发生，让大众意识到公共卫生事件对人类生存、身体健康、社会进步、生态稳定等造成的危害。因此，国家应进一步加大财政投入，增强大众主人翁意识，完善乡村卫生服务监管一体化，提高大众对公共卫生的参与度和应对能力，积极促进各级卫生机关合作开展公共卫生活动，提高公共卫生机制的

---

① 汪胜：《中国贫困地区基层卫生机构资源配置分析》，苏州大学 2016 年博士论文，第165 页。

整体效能，加快建设卫生体制。

1. 被监管单位自身规范经营的必然需求①

随着我国社会经济迅速发展，公共场所的卫生问题重要性日渐突出。这不仅仅是民众生活之所需，更是国家昌盛、社会和谐的重要保障。2003年"非典"疫情、2019年底爆发的新冠肺炎疫情，引发了人们对公共场所卫生的担忧。在一些公共场所，业务单位不对公共物品进行消毒，或清洗消毒流于形式，不定期清洗集中通风空调系统，员工的健康检查和培训率低，标准化操作难以实现。这些健康和安全问题已经成为人们关注的焦点。做好公共卫生监督工作是被监督单位规范运作的必然要求，是促进经济建设和提高行业声誉的必然选择，是推进公共场所管理现代化的有效途径，是维护公众切身利益和消除健康危害的根本途径。

2. 法治政府的体现②

发展和坚持中国特色社会主义的本质要求和根本保障是依法治国，依法治国关系国计民生，决定着一国繁荣昌盛和长治久安，党的十八届四中全会指出依法治国是国家实现现代化目标的必经之路。在依法治国的进程中，卫生监督必定要有法可依，规范卫生监督进程，实现法治中国的目标，为卫生监督事业提供良好的法律支撑。卫生执法部门坚持"依法行政，依法监督"，形成高效率的法治体系、丰富的法治保障体系和完善的

---

① 汪明军：《金华市公共场所卫生监管存在的问题及对策研究》，湘潭大学2016年硕士学位论文，第13页。

② 汪明军：《金华市公共场所卫生监管存在的问题及对策研究》，湘潭大学2016年硕士学位论文，第14页。

法治监管体系。在卫生监督过程中，要运用法律思维和方法，转变执法方式，化解纠纷，营造科学立法、用法律化解矛盾、依法思考问题、依法处理问题的良好氛围，使卫生监督始终走在法治的轨道上。依法行政是卫生监督制度规范化的重要方面。要坚持依法行政，树立服务型卫生监督员的良好形象，维护卫生权益，依法行使监督职能，进一步规范审批权和审批行为，坚持依法治国的理念，进一步监督执法体制改革。公开行政事务信息时，使行政权力暴露在阳光下，明晰卫生监督行使者的权力来源，并且规范其行为。

制度的构建再完备，没有得到有效的贯彻落实则仅仅是一纸空文。由此看来，改善卫生监督执法机制的首要任务是做到依法行政。卫生执法部门推进依法行政要注重以下两点。第一，要提升"内力"。深入了解机构构建的不足，规定并完善具体的流程、权利、责任、职权、机制。每一位卫生监督执法人员以贯彻落实卫生监督管理法律规则为职业坚守，更要将其付诸实践。第二，适当的"借用外力"，做到政务公开和信息透明。政务信息公开工作有利于卫生监督人员受到社会大众监督，公众在监督时也要同时注意遵循法律。

3. 建设社会主义和谐社会和服务型政府的应有之义①

服务型卫生监督是在以民为本、执政为民的理念指导下，以提高卫生监督整体效能、提升服务水平为核心指导思想，以更好地规范公共卫生守法运行、提供更优质的卫生监督服务为内容，以民生需要为导向的卫生监管方式。服务型卫生监督更

---

① 汪明军：《金华市公共场所卫生监管存在的问题及对策研究》，湘潭大学 2016 年硕士学位论文，第 14～15 页。

具"依法行政，执法为民"色彩。执法人员具有双重身份，不仅是监督员，还是群众的服务员。

为了有效保障民众的健康权益，在服务过程中应当确立效率至上的愿景，结合最新社会现实情况与群众的建议来使卫生监督更加符合民众需求，摈弃旧时期流于表面的执法模式，坚决抵制收效差耗时长的运动式和人海式执法，深入群众切身所需，提高卫生监督的效率和服务质量。

（四）星级酒店公共卫生监管的创新①

1. 完善法令法则，明确执法主体职能的原则

从源头上划分清楚各机构的职权分工，避免执法过程中遇到管辖的空白或者冲突，借此来减少目前存在的"踢皮球"现象。把完善卫生行政法律法规体系放在第一位。地方政府对卫生监督的支持还不够：随着经济的快速发展，地方政府大力吸引投资以适应经济建设的需要。一些行政相对人，如部分企业主，在经营中违反了卫生法律法规。他们首先想到的是寻求相关部门的庇护，申请减免甚至逃避处罚。但是，为了刺激经济和吸引投资，尤其是在较大的政府投资项目上，政府介入了行政处罚。政府的态度决定了企业的作为，企业以追逐利润为根本目标，但是在追求经济发展的同时，企业必须承担社会责任。所以，这就对政府提出了新的要求，政府在促进经济发展和吸引投资的同时，不应对企业卫生监督管理的行政处罚加以干预，实现经济发展与公共环

---

① 黄旭程：《浅谈基层卫生监督执法存在的问题和解决对策》，《浙江省第二十五届基层卫生改革与发展大会暨年度学术会议论文集》，2017，第143~144页。

境卫生二者的平衡。①

重视体制改革，需要及时修订和完善卫生法律制度，即卫生监督需要中央与地方的垂直管理。卫生监督工作开展时间较长，但是一直收效甚微，其根本原因在于没有充分确立卫生监督机构的地位。不论是在卫生行政部门内部还是在政府，监督机构一直处于次要地位。要加强卫生监督，必须坚持依法行政、政企分开的原则，建立独立的卫生监督机构，并采取中央到地方垂直管理的模式，构建权责明确、结构合理、运行良好、行动有效的卫生监督体系。从源头上讲，就要做到有法可依、有法必依、执法必严、违法必究。只有卫生监督部门真正独立地行使卫生监督执法权，才能消除一切外来干扰，突出卫生监督执法的公正与公平，增强卫生监督执法的执法能力。

2. 行政监管与经营单位自我管理并重原则

修改《公共场所卫生管理条例》，为卫生监督提供了行为准则。各级卫生监督执法部门增强对卫生设施的建设，加强对公共场所卫生的定时监管。卫生监督部门积极接受群众投诉及时检查他们根据群众回应的卫生问题，并要求他们立即暂停运营，以整顿公共场所的卫生设施和卫生管理系统。

部分公共场所经营者缺乏法律观念和卫生意识，所以在进行定期监督和行政处罚之外应当注重从业人员的岗前培训。卫生监督部门还需要对培训状况进行按期抽查和开展阶段性的评估考核，从而确保培训能够切实提高从业人员业务素质，保障卫生监督工作深入进行。

---

① 李艳、吴传安、曹雪莲、陈敏：《基层卫生监督执法中存在的问题与对策研究》，《中国卫生事业管理》2006 年第 6 期，第 352 页。

3. 卫生监督与各项监管统筹平衡发展原则

加强卫生行政执法，加强行政执法机构合作。在日常卫生执法过程中加大执法力度，建立完善的执法体系和同步制约机制，确保行政部门在处理案件时能够顺利进行。卫生监督部门要从源头上理顺机制，扩大人员规模，加强自身建设。[①] 此外，加强行政卫生监督部门与公检法部门的沟通与协作，通过在卫生监督所设立警务联络室等方式加强卫生监督部门与公安机关的联系，借助外部力量增强卫生监督部门在公众心中的威严感，从而提高卫生监督执法的效率；通过人对人定点负责的方式增强与法院合作，缩减执行的时间周期与提升案件执行质量。联合公安、法院等外部力量合力执行卫生法规，树立卫生监督部门公正、严格执法的良好形象。

除了应加强法院和公安的合作之外，还需要与其他行政执法部门有进一步的沟通与交流。行政执法人员应该学会利用行政部门的整体效用，调动各管理部门联合办案，填补部门之间管辖的空白、不同部门之间权责的缺位。行政执法部门应当站在立法者的角度思考法律法规设立时的用意，找出它们之间的连接点，调动各部门人员的积极性，整合各部门的资源进行联合执法。

目前卫生监督的发展步伐跟不上社会经济的发展，所以加强卫生执法队伍建设势在必行。建设优秀的卫生监督队伍需要具备足够的人力、财力、物力。这三种要素相辅相成、缺一不可。基于此，基层政府需要在财政方面给予更多的扶持，例如

---

① 汪明军：《金华市公共场所卫生监管存在的问题及对策研究》，湘潭大学 2016 年硕士学位论文，第 26 页。

应当在人员交通配置、检验检测设备等方面给予足够的资金支持。利用现代科学技术推进卫生监督相关法律法规在社会大众中普及，社交媒体、报纸杂志、电视广告、社区宣传栏等都是当今宣传卫生监督法律法规的良好渠道。加强宣传教育，营造舆论监督和严格控制的氛围。我们应该最大限度地发挥大众媒体和公众的监督作用，还应加大对违法经营活动的曝光力度，进而减少违法犯罪活动。

4. 建立健全星级酒店卫生监管档案，实现卫生监督全覆盖

各省、市地方卫生监督部门应当在各街道、社区（村镇）分派卫生执法监督员，提升公共卫生监督覆盖率，县、乡、村（社区）三级基层区域的卫生监督工作可采用网格化管理，实现全面覆盖，形成一张完整的卫生监督信息网。把公共场所单位的信息一一录入卫生监督信息系统，从而建立全面的星级酒店监督信息档案。

卫生监督所应抓住卫生监督体制向卫生计生综合执法体制转变的机遇，全面加强卫生监督网络的管理和服务，不断创新和完善，确保基本公共卫生服务均等化，健全地方乡镇卫生监督协调网络体系，充分发挥乡镇卫生监督协调员在协调公共卫生服务、医疗市场服务、新闻信息收集和宣传等方面的前沿作用。市卫生监督中心应优先提高卫生监督行政执法效率，对基层协管人员和信息员进行分层次岗前培训以及到岗后定期业务培训，从而促进城乡公共服务均等化以及卫生监督一体化进程。

5. 完善卫生监督移动执法制度

卫生监督执法服务水平的提升需要紧跟时代的步伐。移动办公是当今最为便捷和高效的办公模式。为了开启卫生执法的

新时代，卫计委要求通过全面实施移动执法、运用移动办公系统来规整卫生监督工作。移动执法的新模式是通过"扫码"得到相应的信息，如监督工作人员通过扫描记录场所卫生信息的二维码来完成执法文书录入以及获取与该场所有关的最新信息，包括经营者的基本信息、该场所以往的卫生评估情况、行政处罚、公众投诉记录等。

从传统办公模式迈入移动办公模式，卫生执法人员还可以将当次卫生监督检查的相关情况录入信息平台，并且可以通过随身携带的蓝牙打印机当场打印简易版本的处罚文书。移动信息平台更是为消费者提供一个便利的方式来及时了解酒店的名字、地址、卫生检查状况、公共场所设施、从业人员资格等信息。

6. 以量化形式公平有效地加强管理

公共场所的经营者在日常经营活动中必须遵守法律、法规和其他有关规章制度，为消费者创造安全健康的环境。国家卫生部门积极宣传和开展全国性的公共场所卫生的量化分级监督管理制度，建立适应社会发展新形势要求的公共场所卫生监督模式，通过激励机制，最大限度地发挥现场操作人员的积极性，提高公共卫生监督管理的效率和水平。

以公共场所量化为标准对 A、B、C 三级场所进行分级管理。A 级公共场所可以适当简化监督程序，用书面审核替代现场审核。A 级以外的公共场所则需要严格把控卫生情况，不仅要对书面材料进行实质性审查，还需要在线下进行现场检测，确保公共场所卫生安全。

实施公共场所量化分级管理，从监督频次与等级的比率入手，使监督频次与等级成反比，等级越高，监督频次越低。此举能提高工作效率、合理分配资源。A 等级，每两年监督频次最少 1 次；B 等级，每年监督频次最少 1 次；C 等级，加大监督密度，保证执法有效性。

从实施公共场所量化分级管理入手，加强企业领导培训，鼓励企业自律，引导运营单位提高自身健康管理水平。公共场所量化分级管理是一项动态的长期工程。因此，有必要做好企业法人的业务培训工作，让他们明白，只有加强自身管理，才能提高自身的卫生管理水平，才能提供安全卫生的公共卫生服务，才能提高管理单位的效率。[①]

7. 健全公共场所卫生监管执法体系，全面提升执法能力

移动执法大大简化文书制作和文书送达等烦琐的工作，监督员可以通过手机等移动设备对检查的现场拍照取证，对于存在的卫生漏洞，运用终端自带系统自动生成现场检查笔录、监督意见书等，并且可以运用便携式蓝牙打印机立刻打印出纸质文件，当场完成文书送达。执法记录自动上传至省级卫生监督信息系统，确保监督执法的真实性、客观性和规范性。上传入档全程不受执法人员自身的干预，且在打印文书加盖公章后不能做任何修改，保障全程不受人为恶意干预，不给徇私枉法留下余地。

动态预警式监督是卫生监督部门对公共场所特别是星级酒店进行监督的新模式，利用互联网平台与移动设备可以随时监督星级酒店的卫生状况。以浙江省义乌市为例，义乌市对需要

---

① 汪明军：《金华市公共场所卫生监管存在的问题及对策研究》，湘潭大学 2016 年硕士学位论文，第 20 页。

实时监督的公共场所安装联网设备，如游泳池的水质、空气质量等相关数据自动上传到义乌市公共场所卫生监督在线管理系统，卫生监督部门只需登录系统便可获取完备的信息。

一些指标不在合格的范围内时，平台会立即反馈给公共场所经营主，经营主通过警报可以及时对公共场所突发卫生状况采取急救措施。卫生监督部门工作人员可以通过网络监控公共场所的水质、空气等卫生状况，及时处理危险情况，消除安全隐患。监督员对平台上的数据进行分析，查找突发卫生状况的诱因，具体分析异常数据，预防此类突发情况大面积爆发。

8. 联立微信 "新科技"，实现掌上监管

充分利用微信公众号，加强舆论宣传和社会监督。结合卫生监督执法主体，抓住一些重大活动和事件的时机，宣传公共卫生法规和卫生知识，全方位、多层次、多角度展示卫生监督工作，营造良好的卫生监督环境，提高人民群众对卫生监督工作的认识。通过微信公众号，及时准确地发布权威信息，发出自己的声音，确保"首发"基调，抓住先机，牢牢把握舆论的方向和主动性，获得群众的理解和支持。

9. 完善被监管对象投诉举报机制

卫生监督部门要高度重视公众的投诉和举报工作，完善投诉和举报工作制度，对公共卫生监督员处理投诉和举报工作要有明确的规定和要求。通过网络、报纸杂志、电视新闻等方式向公众公开卫生执法监督部门的举报热线、邮政地址等，定期由相关部门向社会公众开展监督员处理投诉情况的满意度调查工作，把对投诉的处理情况纳入执法人员绩效考核范围，并且将处理结果作为评定先进的重要依据。

10. 建立卫生监督宣传制度，提高被监督单位对卫生监督工作的认识

要加强卫生法规在监督执法中的日常宣传，使卫生监督工作逐步深入人心。卫生监督部门通过网络媒体、微信公众号等新媒体广泛宣传卫生法律法规知识，逐步形成全民的卫生法律法规意识，关心卫生监督。

卫生监督宣传工作要积极带动群众参与，通过服务月、志愿者互动等工作对外宣传，在公园等人员密集处开展卫生宣传活动。加大力度曝光不遵守卫生监督相关法律法规的企业，公开公众高度关注的某些重大公共场所卫生监督情况以及不合格的处理后果。通过吸引人们的关注度，加强社会监督。另外，卫生监督部门要提高业务透明度，将日常工作内容呈现给大家，以增加公众对卫生监督机构的了解、监督和认可。

11. 落实卫生监督执法主体职责，促进各主体间的协调配合

（1）衔接卫生监管与政府各项行政执法职能

完善行政执法体系，规范行政执法。针对社会高度关注、涉及人民群众切身利益的公共场所卫生问题，开展重点监管和专项整治工作，依法查处公共场所违法案件，严厉打击违法行为。明确公共卫生监督行政法律法规的适用，完善法律适用全过程的登记机制，保证法律适用全过程以证据为基础。完善行政自由裁量基准制度，完善行政执法与刑事司法之间的联系机制，规范案件移送标准和程序，做好案件监督，部门间移送以及区域间调查。

（2）完善执法机构管理体系，提升监督效力

建立健全卫生监督执法机构。根据保证基本、加强基层和建立机制的三个原则，建立覆盖市、县（区）、村（社区）的

综合卫生监督体系，以市级卫生监督机构为中心，延伸到县（区）卫生监督机构，完善社区卫生服务机构的监管等，积极动员基层卫生部门，发挥多层次卫生网络和卫生协调员作用，解决基层卫生监督薄弱的问题。加大财政资金投入，加大公共卫生服务投入，大力支持市级财政卫生监督管理服务。激发卫生协管员的工作热情，开展绩效评估工作，把评估绩效作为奖励的标准之一。建立卫生监督管理办法、制度以及绩效考核等机制，量化处理各项指标，例如按照月、季、年为单位考核卫生监督员的工作。年终对监督员进行综合评估，并且把评估结果与绩效奖励结合。

四 星级酒店公共卫生监管案例

（一）星级酒店公共卫生监管的深圳实践及探索

近年来，深圳市以"标准化、规范化、信息化"为抓手，进一步完善市、区、街道三级公共卫生服务网络，切实提高医疗卫生服务质量和水平，有力推进星级酒店公共卫生监管，取得了明显成效。

1. 深圳市星级酒店概况

据不完全统计，深圳市的星级酒店数量为 145～150 家，主要坐落于罗湖、盐田、龙岗、宝安等区，其中有 10 家五星级酒店，31 家四星级酒店。

2. 深圳实践及探索

（1）加强组织领导，建立多部门合作机制

每年，市政府都要修订公共卫生工作目标管理责任书，并督促各部门和街道把推进基本公共卫生服务落实作为一项关键指标，切实推进基本公共卫生监督的落实。

（2）以标准化为重点，完善公共卫生服务网络

深圳市以公共卫生网络建设为突破口，注重硬件建设、功能定位和人员配置。第一，设施是按照标准建造的。第二，功能符合标准。第三，按标准配备人员。第四，按标准配置资金。

（3）抓好标准化建设，规范运行机制

根据深圳市先后出台的公共卫生监管文件，深圳市对管理体制规范化做出了一定要求。首先，管理体制规范化，执行绩效考核制；其次，财政作为发展的重要支柱，深圳市严格管理财政上的实际收支与预期收支；再次，以党的思想建设、组织建设、工作作风建设、制度建设、反腐败建设、廉政建设为抓手，依托专家意见、内部核验和回访接受服务的人员三大环节，制定出相对完备的考核程序。

（4）"互联网＋"大数据的广泛应用

深圳市以医疗结构数字化、信息渠道简明化为目标，利用信息化有力提高公共卫生监管质量。按照"统筹规划、整体区域分步实施"的指导思想，开发建设集疾病监测、传染病管理、绩效评估、信息查询、行政管理等功能为一体的区域卫生信息系统，实现业务流程电子化，提升行业管理水平和公共卫生监管水平，形成"数字化医疗卫生信息"发展格局。不仅能有效提升管理效率，还能促进监管水平的提升，提升受众的幸福感与获得感。

3. 取得的成效

"三化"卫生建设成效显著，市、区、街道三级公共卫生监

管体系更加完善，卫生监管设施、服务模式、服务能力等方面发生了显著变化，把政府投入切实转变成群众能享受到的公共卫生服务，居民的满意度有了较大提高。

深圳市卫生监管成效有目共睹：执法人员的业务水平在自上而下、上下联动的作用下逐步达标，星级酒店餐饮卫生不合格等问题进一步得到解决。深圳市卫生管理格局基本形成："数字医疗、信息卫生"的格局已基本形成。深圳市的卫生信息化系统已在全市医疗卫生机构全面应用，建立起了互联互通的卫生信息网络，为医疗卫生服务、管理和改革提供了信息化支撑，卫生部门对医疗卫生单位的运行监管更加及时和高效。

4. 深圳市星级酒店公共卫生监管的经验

（1）要更充分发挥政府宏观调控的作用

要建立长期稳定的公共卫生监管体系，就必先坚持政府主导、基层积极配合，才能使政策的公益性得到有效保障。深圳市发展基层公共卫生的实践证明，坚持政府的领导，贯彻以人为本和以人民为中心的发展观，建立长期、稳定的投资机制，可以有效地解决发展缓慢和盲目追求利益之间的矛盾，从而更好地实现为人民服务的目标，造福人民。

（2）充分发挥信息时代的优势

建设更加灵活、高效、便利、有利于民众的公共卫生监管机制。在深圳市实行信息化监管之前，公共卫生服务受时空限制，紧急事件的处理效率不够高，监管主体与被监管方联系松散。目前，深圳市充分利用网络信息技术，对原有的公共卫生服务资源和方式进行了整合和改造，推动了区域卫生信息化建设，克服了基层公共卫生监管的地域和时间限制，服务覆盖面、效率和质量都有所提高。

（3）创新是驱动发展的第一动力

实践证明，深圳市依靠科技创新，转变公共卫生监管方式，因地制宜地创造出公共卫生监管新模式，激发制度的活力，从而提高服务质量和水平。

（二）星级酒店公共卫生监管的杭州实践及探索

1. 杭州市卫生监督所目前承担的主要职责

杭州市卫生监督所主要职责包括以下几点：一是具体实施监督工作；二是协助处理初步审查、发放证书、注册登记、复核、校对检验等行政工作；三是对星级酒店进行卫生抽查，开展当场卫生检验、抽取样本检测等工作；四是开展宣传、教育、咨询和培训工作；五是调查并对违反相关法律法规规章的行为进行取证且提出处罚建议，并具体执行行政处罚的决定；六是为打击非法行医和采血的行为，承担医疗机构和采血机构的卫生监督工作，监督检查传染病疫情报告及其控制方法和消毒措施落实情况、依法查处违法行为；七是对母婴保健机构和计划生育技术服务机构的服务内容和从业人员行为规范进行监督检查，依法严厉打击"两禁"行为，配合查处计划生育违法行为；八是对公共场所卫生、饮用水卫生安全、学校卫生、消毒产品、餐具等集中消毒有关的产品进行监督检查，对违法行为进行查处；九是负责卫生标准、国家标准和食品安全地方标准的宣传实施、后续评价和技术咨询，并参与地方标准制定的有关工作；十是做好公共卫生突发事件的应急处理，听取公众对相关问题的投诉意见并及时对所举报的问题进行调查和处理，把卫生监督员和协管员的岗前培训或者在岗跟踪培训工作做好，处理卫生监督相关信息和整理收集的资料，对资料进行分析，得出对相关问题的评价，积极主动向上级汇报工作；十一是承担中医药、爱国卫生监督的工作；十二是完成卫计委交办的其他工作。

2. 杭州市星级酒店公共卫生监管的经验探索

（1）及时修订了当地的卫生监管法规

卫生监督体系整改之后，为了提高体系的执行力，杭州市加快建设卫生监管法律体系的完善工作。一是处理不符合当今需求的公共卫生管理标准，修改落后的条款并且明确冲突条款的处理办法，明确条款的含义以及填补空白条款。在修改法律法规的过程中对基层卫生监督员提出的合理意见进行考虑，把法律法规的内容具体化，最大限度地减少条款的实际运行障碍与歧义。在修法过程中充分听取了基层卫生监督员提出的建议和意见，细化了规定的内容，使规定更加切合实际和可操作性，避免闭门造车制定出不合时宜的法律条款。二是尽快发布卫生监督领域的豁免规定，制定了卫生监督机构的相关管理制度，细化了卫生监督职能，明确了责任追究的原则和标准，解决了卫生监督员在监督执法工作中遇到的难题。

（2）明确了卫生监督执法主体地位

杭州进一步加强了卫生监督体系的顶层设计，通过全面有序的总体设计，进一步规划了卫生监督改革方向。

（3）加快了队伍建设，提高卫生监督综合素质

卫生监督队伍建设是卫生监督体系建设的基础与核心，为了保障市民的卫生与健康，杭州市建设了一支公正廉洁、高效执法、纪律严明、执法为公、执政为民的卫生监督执法队伍，

这是提高卫生监督执法综合水平的关键。杭州市卫生监督队伍不断优化人力资源的分配。一是根据国家卫生监督员配备标准，政府对卫生监督队伍的财政投入加大，增加卫生监督员编制的数量，吸引高精尖人才的流入，留住具有复合背景的专业人才，特别是具有法律、行政管理专业背景的人才。二是通过加强在职卫生监督人员的培训和教育来提升人才队伍建设。通过"请进来、走出去"的方式对卫生监督人员进行能力培训，提升其卫生监督方面的专业能力；通过系统化的培训，培养出一批具有专业素养的技术骨干、带头人。

通过数据分析可知，杭州市卫生监督员的专业大多涉及公共卫生领域，这反映了部分人员特别是入职年限已久的工作人员在一定程度上缺乏专业的法律知识。他们在工作中仅仅关注主体、适用条款等实体性问题，而忽视法律文书格式、证据收集流程、权利义务告知、取样标准等程序问题的重要性，导致其卫生监督执法水平不高。因此，卫生监督员既需要具备专业知识技能，也需要具备法律和管理相关的知识。

（4）政府高度重视，加大了卫生监督财政支持力度

卫生监督工作能够正常有序地开展，一方面是依据国家卫生法律法规；另一方面是依靠地方政府的各项政策支持，特别是财政经费的投入。杭州市政府加大了对卫生监管机构的资金投入。首先，对监督员的薪资待遇给予保障，这是提升人才保有率的关键；其次，将政府采购的抽样检测卫生监督工作以及快速检验设备、证据收集工具、培训宣传、执法设备等支出列入财政年度预算，进一步提高工作效率和执法力度，提高卫生执法服务的公信力。

（5）创新执法模式，以信息建设为抓手优化监督手段

社会发展离不开改革和创新。在大数据时代的信息引导下，落后的口述记录最终将被淘汰。社会在变化，适应社会需求的执法方式也随之变化。如在现代智能执法中，电子终端的出现几乎代替了传统终端，缓解了卫生监督人力资源的不足。杭州市卫生监督所依托江苏省卫生监督综合管理信息系统，更新信息化执法设备，使用手持移动执法终端、执法记录仪和其他设备，改变监督执法只有"一支笔＋一张纸"的落后模式，推行"两名执法人员、两台手持移动执法终端、两台执法记录仪、一套便携式电脑与打印机、一套文书专用纸"的全新"数字化"现场执法模式，实现实时在线操作的执法工作，如行政许可、日常监督、行政处罚、投诉举报等，有效解决了传统执法方式周期长、环节多、效率低等问题，规范卫生监督的执法行为，进一步提高工作效率和水平。

卫生监督机构更新执法理念，不断创新和发展与时俱进的执法模式，强化执法证据、执法规范和自我保护意识，从源头上避免乃至切断任意执法和人为执法。因此，杭州的卫生监督机构敢于在"镜头"前执法，自觉接受社会监督。

第九章　旅游景区监管

一　2019 年旅游景区监管总体情形

"全域旅游""优质旅游"是我国旅游业发展的目标，这要求旅游景区提供更高标准的旅游服务，也要求建立更科学完善的旅游景区监管体系。

回顾 2019 年，我国在旅游景区监管上有许多值得关注的事件：A 级旅游景区复核中有超过千家景区受到处理，甚至有 5A 级景区被摘牌；出现了第一家因为虚假宣传被吊销营业执照的旅游景点；出现了首例"有偿救援"；雄安新区进行了白洋淀旅游秩序大整治；玻璃栈道等高风险项目受到严格监管等。

从 2019 年我国法院做出的与旅游景区有关的民事判决可以看出，与往年一样，游客在景区发生伤亡事故而引起的违约或侵权诉讼仍占最大比重。

（一）旅游景区承担行政责任的情形

1. 全国多家 A 级景区受到降级、摘牌处罚

自 2019 年启动 A 级旅游景区复核工作以来，全国已有多家

A 级景区被摘牌、降级或通报警告。

2019 年 11 月 6 日，"文化和旅游市场整治暨景区服务质量提升"电视电话会议指出，自 2019 年以来，文化和旅游部分别部署开展了文化和旅游市场整治行动、A 级旅游景区整改提质行动，采取了"体检式"暗访评估等新的方式，在全国各级文化和旅游行政部门的高度重视和积极推进下，取得了明显的成效。

在市场整治方面，全国总共出动执法人员 120 余万人次，对 52 万余家经营单位进行了检查，总计立案调查 8300 余件，罚没款 4100 余万元，责令停业整顿 715 家，吊销许可证 113 家。

在景区整改质量提升行动中，对全国超过 5000 家 A 级旅游景区进行了复核，最终，1186 家景区受到处理，其中有 405 家受到取消等级处理。①

2019 年，部分省、区、市对 A 级旅游景区处罚的情况见表 9 - 1②。

表 9 - 1　2019 年部分省、区、市对 A 级旅游景区处罚的情况

机构	处罚情况
山东省文化和旅游厅	4 家 4A 级旅游景区被取消质量等级；2 家 4A 级旅游景区被降级；15 家 4A 级旅游景区被警告、责令整改

① 《文化和旅游市场整治暨景区服务质量提升电视电话会议在京召开》，中国政府网，2019 年 11 月 11 日，http：//www.gov.cn/xinwen/2019 - 11/11/content_ 5451006.htm，访问日期：2019 年 11 月 30 日。
② 《两百余 A 级景区被处罚，专家：景区须关注客需求》，新京报网，2019 年 10 月 16 日，http：//www.bjnews.com.cn/feature/2019/10/16/637002.html，访问日期：2019 年 11 月 29 日。

续表

机构	处罚情况
浙江省文化和旅游厅	4家A级旅游景区被取消等级；10家旅游景区被警告处理，限期整改3个月；5家4A级旅游景区被通报批评处理，限期整改两个月
河北省文化和旅游厅	23家旅游景区被取消A级景区质量等级处理，包括1家4A级旅游景区；84家A级旅游景区被通报批评，责令限期整改处理，包括18家4A级以上旅游景区
广东省文化和旅游厅	5家旅游景区被取消旅游景区质量等级处理；7家旅游景区被责令整改处理；6家存在玻璃桥、玻璃栈道等高风险项目的旅游景区被责令专项整改
宁夏回族自治区文化和旅游厅	2家5A级旅游景区被责令停业整改；4家A级旅游景区被摘牌；3家旅游景区被降级；7家旅游景区被警告
黑龙江省文化和旅游厅	8家4A级旅游景区被警告处理，责令整改，限期6个月；2家4A级旅游景区降为3A级旅游景区；6家4A级旅游景区取消质量等级
上海市文化和旅游局	4家3A级旅游景区被取消质量等级
四川省文化和旅游厅	3家旅游景区被取消等级；1家旅游景区被降低等级；1家旅游景区被严重警告，8家旅游景区被警告
福建省文化和旅游厅	4家4A级旅游景区被严重警告，限期6个月整改；24家3A级旅游景区分别被摘牌、严重警告和通报批评
北京市文化和旅游局	鸡鸣山景区被取消4A级旅游景区资质

2. 违反《消费者权益保护法》，虚假宣传被吊销营业执照

江苏苏州定园被吊销营业执照，这是我国第一个因为虚假宣传被吊销营业执照的旅游景点。

苏州定园原为3A级旅游景区。2015年，定园曾受到过旅游部门的"严重警告"，原因包括景区管理混乱、设施陈旧老化，以及存在欺骗游客情形导致众多投诉等。2017年，定园被取消国家3A级旅游景区资质。2018年11月执法部门认定，"定园长期对外进行虚假宣传，诱导和欺骗旅客消费，而且涉及

人数众多，影响恶劣，严重侵害了广大消费者的合法权益。"同年 12 月 28 日姑苏区执法部门做出了处罚：吊销定园旅游服务有限公司营业执照。①

3. 违反《广告法》，发布虚假免票广告受到行政处罚

2019 年 5 月，山东日照的山河四季园景区因涉及虚假免票被多次投诉。东港区市场监督管理局认定，根据《广告法》第八条第一款的规定，该景区存在发布广告不准确、不清楚、不明白的违法行为，对其做出停止发布广告，在相应范围内消除影响，罚款 50000 元，上缴国库的处罚。②

4. 违规收费、诱导或强制消费等受到行政处罚

景区违规收费，诱导或强制消费等问题一直是旅游者投诉的焦点。2018 年 8 月，山西省价格监督检查与反垄断局分别对云丘山、绵山景区超标准收费、强制服务并收费等行为进行处罚。③ 处罚的依据是《中华人民共和国价格法》《价格违法行为行政处罚规定》等相关法律法规规定。

2019 年 8 月，雄安新区在白洋淀旅游秩序大整治行动中，针对收费问题的整治也是重点。针对观光车不按审批价格收费问题，安新县市场监督管理局严格监督，对超标准收费的景点，

① 《苏州定园被吊销营业执照》，苏州市姑苏区人民政府网站，2018 年 12 月 29 日，http：//www. gusu. gov. cn/gusu/InfoDetail/? InfoID = e7a375c9 - 0bf3 - 4588 - 9bd8 - d626aa0d95fd，访问日期：2019 年 12 月 1 日。
② 《山河四季园景区发布广告不准确、不清楚、不明白东港区对其做出行政处罚》，齐鲁网，2019 年 5 月 18 日，http：//rizhao. iqilu. com/rzminsheng/2019/0518/4271920. shtml，访问日期：2019 年 11 月 30 日。
③ 《云丘山、绵山景区因超标准收费强制服务并收费受处罚》，太原新闻网，2018 年 8 月 23 日，http：//www. tynews. com. cn/system/2018/08/23/030082847. shtml，访问日期：2019 年 11 月 30 日。

一律关停整改；针对景点表演场所设立贵宾座并收费的问题，实行观众座席一律免费。取缔未经审批的演出项目、收费项目，加强景区及景点周边环境卫生整治、船工教育培训、从业人员服务技能和职业道德培训，完善景点标识系统。自整治行动开展以来，共查扣私拉游客船只 5 条、车辆 2 辆，拘留私拉游客人员 3 人，有效打击了私拉游客等违规违法行为。①

5. 一些高风险项目被责令关停或限期整改

2019 年 9 月，广东省文化和旅游厅责令以下 6 家存在玻璃桥、玻璃栈道等高风险项目的景区进行专项整改，限期 3 个月。分别是：清远市洞天仙境生态旅游度假区（4A 级）；清远市黄腾峡生态旅游区（4A 级）；云浮市广东天露山旅游度假区（4A 级）；潮州市紫莲森林度假村景区（4A 级）；东莞市隐贤山庄（4A 级）；佛山市广东盈香生态园（4A 级）。②

6. 因安全事故被责令停止运营

2019 年 5 月 1 日，成都市兰花楹农业开发有限责任公司开发的"孩子的院子"亲子乐园，发生一起游客冲出滑梯防护设施的事故，共造成 2 名游客死亡、12 名游客受伤。涉事企业相关负责人被控制，该乐园已被责令停止运营。③

2019 年 8 月 24 日，济宁高新区东方之秀乐园涉水区发生一起触电事件，最终造成一死三伤。事件相关责任人已被公安部

---

① 《安新县：多措并举持续开展白洋淀旅游秩序大整治》，雄安网，2019 年 8 月 23 日，https：//www. xanews. cn/a/20190823_ 00002825，访问日期：2019 年 11 月 30 日。

② 《广东省文化和旅游厅关于 2019 年 A 级景区复核处理的公告》，广东省文化和旅游厅政府信息公开目录，http：//whly. gd. gov. cn/gkmlpt/content/2/2638/post_ 2638670. html，访问日期：2019 年 12 月 3 日。

③ 《关于太平街道"孩子的院子"发生事故的情况通报》，2019 年 5 月 2 日，http：//www. sohu. com/a/311466916_ 330235，访问日期：2019 年 12 月 3 日。

门控制，高新区管委会已责令东方之秀乐园停业整顿。①

7. 违反《中华人民共和国人民币管理条例》，拒收现金受到行政处罚

2018 年 12 月，西安市蓝田县辖内白鹿原影视基地景区因为"拒收现金"，受到人民银行陕西蓝田县支行做出行政警告的处罚，这是全国针对"拒收现金"进行行政处罚的第一个案例。②

（二）旅游景区承担民事责任的情形

在与旅游景区有关的民事诉讼中，有原告主张景区未履行旅游合同义务而提起的违约之诉，也有原告主张景区侵犯其生命权、健康权、身体权而提起的侵权之诉。尽管案由不同，景区最终承担民事责任的方式是一样的，即赔偿损失。

1. 因旅游合同纠纷承担民事责任

案件一，未成年人缆车坠落事故。2019 年 9 月，北京市法院审判信息网公布了 2017 年平谷石林峡景区发生的一起男童缆车坠落事故案件的一审判决。

法院在判决书中认为，被告有义务保障原告乘坐缆车过程中的安全，而被告却在原告乘坐缆车过程中，存在重大工作缺陷，在此次事故中应承担主要责任，对原告的各项损失承担赔偿责任。原告外祖父在抱原告上缆车时未尽到自身的安全注意义务，且动作明显存在不妥之处，故对此事件亦应承担一定责

---

① 《济宁高新一游乐场发生漏电事故，造成一死三伤》，搜狐网，2019 年 8 月 27 日，http：//www.sohu.com/a/336647610_100172911，访问日期：2019 年 12 月 3 日。
② 苑广阔：《首例"拒收现金"罚单警示意义明显》，《中国商报》2019 年 1 月 2 日。

任，可以适当减轻被告的赔偿责任。[①]

案件二，游客落水受伤事故。河北省张家口市赤城县人民法院于 2019 年 6 月 20 日对游客与赤城县云雨旅游服务有限公司合同纠纷做出一审判决，此案中原告刷卡进入景点，上皮划艇进行漂流，因河流湍急皮划艇发生侧翻，原告落水受伤。法院认为，本案中，被告工作人员在原告受伤后半个小时到达现场，可以证明被告未尽到安全保障义务，应承担侵权责任。原告系完全民事行为能力人，其在河流湍急的情况下，应当预见损害可能发生的后果，因疏忽大意而发生事故，对损害的发生有一定的过错，应减轻被告的赔偿责任。故被告应承担 70% 的赔偿责任，原告自负 30% 责任。[②]

2. 因生命权、健康权、身体权纠纷承担民事责任

案件一，游客在景区被蜈蚣咬伤事故。2018 年 12 月 24 日广西壮族自治区桂林市七星区人民法院对游客在景区被蜈蚣咬伤左脚一案做出判决。

法院认为，公民享有财产权、生命健康权，依法受法律保护。根据《中华人民共和国侵权责任法》第三十七条的规定，"公共场所的管理人或者群众性活动的组织者，未尽到安全保障义务，造成他人损失的，应当承担侵权责任。"虽然蜈蚣并非被告所饲养的动物，但动物园内杂草丛生，易滋生野生动物，导

---

① 《韩某与北京京东石林峡景区服务管理有限公司旅游合同纠纷一审民事判决书》，
（2019）京 0117 民初 3905 号，北京法院审判信息网，http://www.bjcourt.gov.cn/cp-ws/paperView.htm?id=100876456553&n=1，访问日期：2019 年 12 月 4 日。
② 《袁远与赤城县云雨旅游服务有限公司合同纠纷一审民事判决书》，河北省张家口赤城县人民法院，（2019）冀 0732 民初 374 号。

致原告被蜈蚣叮咬受伤，应对其承担侵权责任。①

　　案件二，游客滑雪场滑倒受伤事故。2019 年 7 月 2 日，北京市房山区人民法院对一起游客在滑雪场滑倒受伤的案件做出一审判决。法院认为，公共场所的管理人或者群众性活动的组织者，未尽到安全保障义务，造成他人损害的，应当承担侵权责任；被侵权人对损害的发生也有过错的，可以减轻侵权人的责任。被告是景区的经营者和管理人，对于景区内的游客负有安全保障义务，原告在景区内参与娱乐活动过程中滑倒致伤，被告应当承担赔偿责任，对原告因此造成的合理经济损失予以赔偿。②

　　案件三，游客坠马受伤事故。2019 年 9 月 12 日，内蒙古自治区克什克腾旗人民法院对一起游客坠马受伤案件做出一审判决。该案纠纷发生于 2015 年，是被上级法院发回重新审理的案件。法院认为，原告在骑马过程中因马肚带断裂，致马受惊，导致其从马上跌落被马踩踏，造成右股骨颈骨折及软组织挫伤。被告公司未尽到安全保障义务，应对原告的损伤承担赔偿责任。被告未举证证明原告摔下马自身存在过错，故不存在减轻被告的赔偿责任的情形。③

　　3. 游客因不满景区管理规定提起的诉讼

　　因上海迪士尼乐园禁带饮食，华东政法大学学生于 2019 年

---

① 《罗春花与桂林北斗七星旅游文化发展投资有限公司生命权、健康权、身体权纠纷一审民事判决书》，（2018）桂 0305 民初 2703 号。

② 《陈雪然与北京帅辰旅游开发有限公司生命权、健康权、身体权纠纷一审民事判决书》，北京市房山区人民法院，（2019）京 0111 民初 2835 号。

③ 《嶋田德炳与克什克腾旗宇航旅游发展有限公司、承德新天地旅行社有限公司等侵权责任纠纷一审民事判决书》，内蒙古自治区赤峰市克什克腾旗人民法院，（2018）内 0425 民初 470 号。

3月15日诉讼至上海浦东法院，提出两项诉求：一是请求法院确认《上海迪士尼乐园游客须知》中"不得携带以下物品入园"部分的"食品、酒精饮料、超过600毫升的非酒精饮料"条款内容无效；二是要求上海国际主题乐园有限公司赔偿原告因上述入园规则被迫丢弃的食品损失40余元。

这一备受关注的案件最终以调解的方式结案。在法院调解期间，上海迪士尼乐园修改了入园规则中相关条款的内容，不再严格限制游客携带食品和饮料，在一定范围内允许游客携带供本人食用的食品及饮料进入上海迪士尼乐园，少数特殊食品仍禁止携带。2019年9月，原、被告双方自愿达成了调解协议，由被告上海国际主题乐园有限公司对原告王某莹支付50元的补偿。①

（三）旅游景区承担责任的法律分析

我国的旅游业正在朝着"全域旅游""优质旅游"的目标迈进，从单纯注重游客数量和旅游收入的增长向更加注重游客体验度转变。这对景区所能提供的各项旅游服务提出了更高的要求，也使旅游景区监管面临新的挑战。

1. 景区承担责任的原因分析

综合分析2019年旅游景区承担行政责任和民事责任的情形，我们可以发现以下几点。

一是安全问题是导致景区承担责任的首要原因。过去一年，

---

① 《华政学生起诉上海迪士尼后续：双方达成调解迪士尼补偿50元》，中国新闻网，2019年9月12日，http://www.chinanews.com/sh/2019/09 - 12/8954830.shtml，访问日期：2019年12月3日。

景区内游客意外受伤的事件时有发生。游客自身安全意识缺乏、景区安全设施及安全管理缺失是造成意外事件的主因。目前一些景区在安全管理上存在很多问题。比如，在旅游高峰期游客突破景区安全容量上限；警示标志等安全提醒措施不充分、安全防护措施不到位；景区护栏、围挡等安全设备年久失修；一些危险性项目缺乏相应的操作培训和安全指导等。

二是登山、探险等旅游产品以及新的高风险旅游项目不断兴起，增加了旅游安全风险，加大了景区安全监管和服务保障的难度。景区内游客伤亡事件的处理也面临一些问题，主要集中在事故的责任认定、判定主要责任方的依据、取证困难、诉讼耗时长、获取赔偿程序烦琐等方面。

三是经营不规范，是旅游景区承担责任的另一个主要原因。这其中既有违规收费、诱导或强制消费等违反《中华人民共和国价格法》《价格违法行为行政处罚规定》的，也有违反《广告法》发布虚假广告的，还有违反《消费者权益保护法》侵害消费者权益的，等等。在 A 级旅游景区复核中，景区品质下降是被摘牌的 A 级旅游景区的首要原因。而追究品质下降的根源，许多景区都存在一些共性，如过度商业化、标识系统短缺等情况，这也说明其经营管理不规范。

2. 加强旅游监管的思考——全域旅游需要全面监管

一个景区的良好发展，除了景区自身要规范经营，同时也需要完善的监督体系。随着旅游活动的普遍性和日常性，加强旅游监管也成为必然要求。

我国旅游监管长期存在多头监管、"九龙治水"的弊端，"监管的权力散落在多个部门手中，以景区里的景观设施为例，游乐项目的特种设备，是由质监部门来检查管理的；火灾防控的措施，是由消防部门来验收的；至于景区里的演出，则由文化部门来负责。"[1] 这与全域旅游的要求相距甚远。全域旅游依赖的是一个由政府主导的、全面的社会管理。

但是，近年来我国旅游监管也得到积极地发展。一方面，目前旅游安全监管有了明确的法律依据和比较清楚的监管模式。《旅游法》《旅游安全管理办法》是目前旅游安全监管的主要法律依据。旅游安全监管模式权责基本是按照"谁主管、谁负责"的原则，明确政府和企业各自必须承担的旅游安全责任。另一方面，从监管实践来看，一些旅游城市相继设立了旅游警察、旅游工商分局、旅游巡回法庭等机构，对旅游市场进行专门和全面的监管，在旅游监管方面进行了新的尝试。

二　旅游景区监管的热点问题

（一）民营旅游景区门票价格中的非歧视问题

1. 关于旅游景区门票价格歧视

旅游景区门票一票两价甚至一票多价、因人而异，早已不是新闻。在 20 世纪 90 年代，这个问题就已经存在，并且引起了监管部门的注意。在 1999 年，国家有关部门颁布施行的《游览参观点门票价格管理办法》，就规定不得区别中外游客、本地外地游客设置两种门票价格。[2] 尽管之后该规范性文件被废止，

---

① 集月音：《景区监管"九龙治水"体制须理顺》，《河北经济日报》2018 年，第 2 版。
② 《游览参观点门票价格管理办法》第十二条规定，"游览参观点不得区别中外游客、本地外地游客设置两种门票价格"。

但在替代其效力的《国家计委关于印发〈游览参观点门票价格管理办法〉的通知》（计价格〔2000〕2303 号）中所附的《游览参观点门票价格管理办法》，依然明确禁止了价格歧视行为。[①]

事实上，几乎每年都会出现旅游景区门票价格歧视的相关报道，也存在游客因此向法院提起诉讼的情况。2002 年，四川大学法学院 8 名大学生因价格歧视集体起诉峨眉山风景名胜区管委会，此案是第一次游客因门票问题起诉景区，因而引起社会各界的关注。此后，2006 年，游客因价格歧视起诉昆明世博园，是另一个受到广泛关注的案例。

监管部门的禁令下达近 20 年，景区票价因人而异的现象依然存在并不鲜见。2019 年 3 月 28 日，上海海昌海洋公园的低价门票在旅游网站销售，却把上海人排除在外，只欢迎外省市游客，订票页面上特别注明了"上海本地身份证不可用"，一时舆论哗然。[②] 台儿庄古城门票价格为 160 元/人，但江苏徐州市民才 40 元/人，也引起了游客的不满。[③]

2. 关于民营旅游景区门票差异是否构成价格歧视的争议

对于景区"一票两价"所引发的争论，在旅游业界，有相当多的人认为对于这种现象是否构成价格歧视不能一概而论，要根据景区属性的不同，进行差别分析。

[①] 《游览参观点门票价格管理办法》第十四条规定："游览参观点不得区别中外游客、本地外地游客设置两种门票价格；不得在出售门票的同时强制代收保险费及其他任何费用。普通门票、特殊参观点门票、联票及临时展览门票必须一并公示，由游客自愿选择。"

[②] 《上海海昌海洋公园优惠门票为什么不卖给上海本地人》，搜狐网，2019-03-3008：48，https：//www.sohu.com/a/304802963_100191050，访问日期：2019 年 11 月 15 日。

[③] 桑胜高：《景区营销不能牺牲公平》，《经济日报》2019 年，第 13 版。

区分国有景区和民营景区，对其各自进行判断。国有景区由于资源的公共属性，在设置票价上应该一视同仁地对待本地人和外地人，如果设置"一票两价"，就属于价格歧视。做出这一判断的主要依据是《旅游法》和2018年6月国家发改委发布的《关于完善国有景区门票价格形成机制降低重点国有景区门票价格的指导意见》。《旅游法》的第四十三条，明确提出要发挥政府的主导作用，规范景区票价。《关于完善国有景区门票价格形成机制降低重点国有景区门票价格的指导意见》中，规定"不得区别本地外地游客设置两种门票价格"。

而对于民营景区，因为其不利用公共资源，则应该保护其经营自主权。《关于完善国有景区门票价格形成机制降低重点国有景区门票价格的指导意见》并不适用于民营景区，只要符合法律法规，按照规定程序办事，那么对不同时间、不同对象收取不同的费用，看起来并不构成价格歧视。

那么，这种说法是否能站得住脚呢？价格歧视实质上是价格差异，通常指商品或服务的提供者在向不同的接受者提供相同等级、相同质量的商品或服务时，在接受者之间实行不同的销售价格或收费标准。其核心在于对不同的商品或服务的接受者提供差别待遇，而商品或服务提供者本身的属性，无论是国有企业还是民营企业，无论是利用公共资源还是利用自有资源，与是否构成价格歧视并不存在逻辑上的关系。所以，民营旅游景区门票差异同样也会构成价格歧视。

3. 旅游景区门票价格歧视是否违法

长期存在的旅游景区门票价格歧视多次引起媒体的热议、舆论的批评和游客的抱怨，关于这一现象的性质，仅仅是不合情理，还是已经违法，亦是众说纷纭。

　　我们可以通过案例看一下相关法院的态度。在 2002 年四川大学法学院 8 名大学生因价格歧视集体起诉峨眉山风景名胜区管委会案和 2006 年游客因价格歧视起诉昆明世博园案中，原告双双败诉。特别是昆明世博园案，经历初审和终审两次判决，可以更清楚地看到法院在这一问题上的态度。在初审判决中，法院认为："被告作为经营者，在法律允许的范围内针对不同的人群自主定价是其进行自主经营的方式，是其享有的合法权利。""被告制定优惠票价的行为并未侵犯原告受《消费者权益保护法》保护的平等权利。""被告对于本地居民的优惠……这一相对不公平的程序并未达到社会不能容忍和违反公众普遍公认的行为准则。"① 在终审判决中，法院认为："《消费者权益保护法》中规定了平等、公平交易的基本原则，平等、公平交易并不等于要对每一消费者提供相同的消费价格。换言之，权利上的平等不等于价格上的等价。"② 由此可见，该案初审和终审两个法院均认为旅游景区门票的价格歧视并不违法。

　　但是，如果确如法院所说，平等、公平交易并不等于要对每一消费者提供相同的消费价格，"价格上的平等"这一最直观的平等都无法做到的话，《消费者权益保护法》所规定的平等、公平交易的基本原则又该如何体现呢？这真的符合《消费者权益保护法》的立法目的吗？

---

① 米龙与云南世博集团有限公司、昆明世博园股份有限公司，【审判组织】云南省昆明市盘龙区人民法院，【案例索引】（2006）盘法民三初字第 426 号。

② 米龙与云南世博集团有限公司、昆明世博园股份有限公司，【审判组织】云南省昆明市中级人民法院，【案例索引】（2007）昆民五终字第 363 号。

除了《消费者权益保护法》所规定的消费者拥有公平交易的权利之外，旅游景区不同于一般商品，往往具有一定的独特性，其可替代性不强，特定的旅游景区对消费者来说具有唯一性和排他性，其旅游价值也是特定化的，很可能没有同质的、足以替代的其他旅游景点供消费者在两者之间进行对比后做出选择，因而《反垄断法》的第十七条也可以适用于旅游景区门票价格歧视的情形。该条规定，"禁止没有正当理由，对条件相同的交易相对人在交易价格等交易条件上实行差别待遇。"

4. 问题的解决途径

（1）法律的保障

应当在法律中明确禁止旅游景区门票的价格歧视，应统一适用于国有景区和民营景区。此外，应当由法律统一规定可以区别对待和禁止区别对待的情形，限制景区管理者的裁量权。最后，有关门票价格的听证，应当对听证代表的分布做出更详细的规定。

（2）主管部门的监管

建立门票优惠政策的事前审查机制和事后监管机制。价格主管部门作为执法者应当事前在价格审批阶段对门票优惠政策进行严格的审查，以判断是否存在不合法的区别待遇，是否构成歧视。基于旅游者投诉，应当启动事后监管机制。

（3）景区应加强自身建设

对于民营旅游景区而言，其拥有较大的经营自主权，在定价方面所受的制约也相对较小，但是任何情况下，游客都是其获得利润得以生存的源泉，对游客是否有吸引力和游客是否能获得良好的旅游体验是检验其是否成功的主要标准。景区应当重视游客的知情权，形成良好的沟通机制，及时回应游客关切的问题。

"一票两价"现象对游客的旅游体验产生非常负面的影响，特别是游客产生的被剥夺感，可以说是引发争议的重要原因。在景区票价区别对待政策的出台过程中，大多数景区并没有对此做出充分的调查、沟通、说明，而在引发舆论热议之后，又普遍缺乏及时、系统的公关回应。即使部分景区有事后解释，也往往没有实质性回应，更像是一种推诿，反而引起舆论的更多批评。

《北京旅游发展报告（2019）》指出，民营企业开发旅游景区面临三个问题：旅游项目水平低、企业融资困难、重复开发建设。① 特别是近些年来，屡屡爆出的民营景区经营不善，甚至出现一定规模的破产潮，② 也说明其生存不易，过于偏重"门票经济"，这样是难以持续发展的。景区与其紧盯门票，不如更关注产品创新，开发更多游客需要的旅游产品，提供更多的增值服务。

（二）户外探险旅游紧急救援费用的分担机制

1. 户外探险旅游引发的问题

户外探险旅游起源于欧美，又被称为"户外运动"、"探险旅游"或"野外探险运动"等③，一般而言，多指在野外自然

---

① 安金明主编《北京旅游发展报告（2019）》，社会科学文献出版社，2019，第56~57页。
② 《民营景区破产潮来了?》，新浪财经，2019年07月04日，http://finance.sina. com.cn/roll/2019-07-04/doc-ihytcitk9604592.shtml，访问日期：2019年11月12日。
③ 关汉玉：《探险旅游在我国发展的前景初探》，《黑河学刊》2010年第8期。

环境中进行的有极大难度和挑战性的活动。户外探险旅游主要有滑翔（有动力、无动力）、野外生存、热气球、野外活动、跳伞、丛林穿越、探险挑战赛、登山、扎筏、攀岩、漂流、溯溪、露营、探洞、泅渡等。① 这些可以满足游客们探新猎奇的需要，是未来旅游业发展的新亮点。

但是，在受到游客热烈追捧、迅猛发展的同时，我国的户外探险旅游也暴露出不少问题。

（1）旅游安全事故多发

探险旅游自然会伴随着危险。这些危险既可能来自自然环境方面的因素，也可能来自社会环境方面的因素。在我国的探险旅游发展过程中，旅游安全事故是一个不可回避的问题，如旅游者在旅游途中迷路、在登山途中不幸受伤，以及在探险过程中遭遇意外事故等并不少见。② 安全事故频发是我国探险旅游发展的一大障碍。

以登山这一热门的户外探险项目为例，据统计，2018 年户外探险活动共发生 348 起事故，其中，受伤事故 115 起，受伤人数 123 人；死亡事故 40 起，死亡人数 45 人；失踪事故 4 起，失踪人数 4 人；无人员伤亡事故 189 起。与 2017 年对比，2018年事故整体呈现增长趋势，但失踪起数和失踪人数有所下降。③

值得注意的一点是，发生在未开发的景点的旅游安全事故。到未开发景点旅游的不仅包括专业探险者的探险旅游活动，也包括常规旅游者的冒险型旅游活动。借助微博、抖音等自媒体平台，

---

① 刘纯：《户外探险旅游存在的问题及应对措施》，《产业与科技论坛》2009 年第 8 卷第 6 期。
② 曲金凤：《关于探险旅游发展现状的若干思考》，《旅游管理研究》2016 年 1 月下半月刊。
③ 《2018 年中国大陆登山户外运动事故分析报告》，《山野》2019 年 4 月刊。

部分尚未开发的景点在网络上走红，成为网红打卡地，吸引了大量的探险游客，其中包括大量不具备探险素质和装备的游客。很显然，这些未开发景点潜藏的安全风险远远大于已开发景区。

（2）对紧急救援的需求增加，几乎每次救援都可能会消耗巨大的人力物力

以黄山为例，据统计，近年来黄山风景区每年组织开展的应急救援多达数百起，自 2018 年 7 月 1 日至 2019 年 6 月，共救援游客 405 批次，劝阻试图进入景区未开放区域游客 3 批 41 人次。① 救援费用应当由谁承担也成为社会关注的热点。在实际处理中，救援费用目前主要由政府承担，各个地方相关部门的处理方式与标准多有差别。

（3）景区安全监管难度增加

近年来，户外游、探险游等引发的安全事故逐年增多，尤其是自发组织的自驾越野游、户外探险游有很大程度的旅游安全风险，为景区增加了安全监管难度。

2. "有偿救援" 引发的争议

户外探险旅游中安全事故频发，其紧急救援费用又往往数额较大，因此费用如何分担成为人们关注的焦点。目前可依据的法律只有 2013 年 10 月 1 日正式施行的《旅游法》第 82 条，该条规定，旅游者在接受相关组织或者机构的救助后，应当支付由个人承担的费用。但是，这一条款中并没有明确规定哪些费用是应当由个人承担的，因而在实际操作中其解释问题备受关注。

---

① 《有偿救援，是对生命的敬畏》，搜狐网，2019 年 6 月 24 日，http：//www.sohu.com/a/322699400_ 120083259，访问日期：2019 年 11 月 13 日。

2019 年 6 月安徽黄山风景区对一名擅自进入景区未开放区域被困的游客进行了救援。之后黄山风景区管委会要求王某某承担部分救援费用。经计算，本次救援累计发生费用 15227 元，其中有偿救援费用 3206 元，由当事人王某某承担，其中涵盖劳务费 1632 元、索道及车辆费 1024 元、后勤保障费 550 元。这次救援成为《黄山风景名胜区有偿救援实施办法》实施以来的首例有偿救援行动。[①]

2019 年 8 月，四姑娘山景区管理局在搜救成功后，依据《中华人民共和国自然保护区条例》及《四姑娘山景区山地户外运动突发事件有偿救援管理办法》，对违规穿越四姑娘山的游客给予 2000 元罚款的行政处罚，并由其自行承担此次救援行动中产生的费用 3000 元。这是四姑娘山景区开出的第一张有偿救援罚单。

这也引发了广泛的关于有偿救援与生命无价的讨论，人们对有偿救援的态度并不一致，主要有三种观点：第一种是认为有偿救援是合理的，所以救援费应该由探险者本人承担；第二种是认为有偿救援是不合理的，所以救援费用应当由政府承担；第三种观点认为有偿救援是部分合理的，所以应由探险者和政府进行合理分摊。这三种观点自然是各有其理由。

究其实质，有关有偿救援该与不该的争议，其核心在于如何界定有偿救援的性质。

3. 紧急救援费用的法律性质

（1）是否属于民法上债的关系

当前一个主要的观点是认为紧急救援费用的分担属于民事

关系，接受紧急救援的被救方应为此支付对价，即救援费，施救方和被救援方实际上形成了债权债务关系。这种观点具有其合理性，但结合当前户外探险旅游的救援实际来看，则存在一些难以理顺的矛盾之处。

目前国内的旅游救援包括公共救援、公益救援和商业救援三种结构性分类。公共救援，亦称"国家救援"，是以政府机关为主体，并面向所有需要救援的户外运动者；公益救援是以自治团体、景区为主体的，面向其发起救援意愿的户外运动者；商业救援是以商业性为目的，对本机构会员（境外旅游者和国内的出境旅游者）提供专项救援服务的救援形式。[①] 虽然逐渐出现了一些民间救援团体参与紧急救援的情形，当前我国户外探险旅游的救援仍主要以公共救援为主，主要救援人员一般为专业消防人员与民警。从《中华人民共和国消防法》第49条和《中华人民共和国警察法》第21条的规定可以明显看出，消防人员与民警所进行的公共救援应当是其所承担的义务[②]，这与对价之说难以兼容。

（2）有偿救援是否具有行政处罚性质

有别于传统的将有偿救援置于民事关系之中去考量的观点，还有一种观点认为有偿救援实际上是一种带有行政处罚性质的公共救援。这种观点认为，有偿救援虽然体现为收费，但这并不表示收费就是一种获取救援的对价。收费也可以理解为行政

---

① 唐烨：《规范户外运动救援机制的法律思考——从首例违规驴友被罚说起》，《天水行政学院学报》2016年第1期（总第97期）。

② 《中华人民共和国消防法》第49条第1款规定："公安消防队、专职消防队扑救火灾、应急救援，不得收取任何费用。"《中华人民共和国警察法》第21条规定："人民警察遇到公民人身、财产安全受到侵犯或者处于其他危难情形，应当立即救助"。

处罚。①

我们可以分析有偿救援所呈现的特点，将之与行政处罚相比较。

首先，并不是所有的户外救援都是有偿的，有偿救援的前提条件在于游客违反相关旅游规定，亦即游客的行为存在违规性。对此《黄山风景名胜区有偿救援实施办法》做了明确表述："本办法所称有偿救援，是指旅游者不遵守黄山风景区游览规定，擅自进入未开发、未开放区域陷入困顿或危险状态，管委会完成救援后，旅游活动组织者及被救助人将承担相应救援费用。"与之相对应的，如果游客在遵守相关规定的情况下进行旅游活动，其行为并无违规性，在这种情况下，无论是因为景区的疏忽遭遇危险，还是因为意外而身陷困境，政府救援不应要求游客承担救援费用。可见，有偿救援具有惩罚性，是对游客违反规定的惩罚。

其次，从救援主体来看，有偿救援一般是由政府组织相关人力、物力，按照应急预案实施救援，可见其具有明显的行政色彩。

再次，从目的来看，有偿救援是在一定程度上对救援支出的弥补，也是惩罚违规者同时警戒效仿者②。有偿救援实际上与行政处罚的目的是一致的。

比较以上两种关于有偿救援费用法律性质的分析，可以看出，将有偿救援认定为行政处罚，显然可以更好地厘清各方的法律关系。

---

① 翁川龙：《有偿救援的性质及我国有偿救援制度的完善》，《濮阳职业技术学院学报》2019 年 3 月。
② 吴江海：《黄山有偿救援三问》，《安徽日报》2018 年。

4. 户外探险旅游紧急救援费用分担机制的完善

如果我们将有偿救援费用定性为行政处罚，可以解决将其定性为民事对价所面临的矛盾之处。但是，要将其定性为行政处罚，依照处罚法定原则，显然需要更明确的法律依据。

户外探险旅游紧急救援费用分担机制应从以下几个方面进一步完善。

（1）在法律中明确有偿救援费用的行政处罚属性，完善配套规定

处罚法定原则是最基本的行政处罚原则，是依法行政原则在行政处罚领域的具体体现。其基本内涵就是处罚依据法定、处罚种类法定、处罚主体法定、处罚程序法定、处罚形式法定、处罚职权职责法定，需要依照《行政处罚法》，对上述内容做出规定。

目前有偿救援所依据的法律主要是《旅游法》第82条。但该规定仅要求违规游客承担相应部分的费用，对于具体费用并没有明确的解释和说明。一些地方性法规或规章中规定的有偿救援又相对零散，缺乏一致性。同时，一些景区出台的有偿救援办法，如果将之作为行政处罚看待的话，其内容是否合格又值得商榷。应当尽快进行全国统一的配套立法，使有偿救援有法可依。

（2）应明确由政府先行垫付救援费用

当探险者遇险，不论其是否违规，政府部门都应该在接到救援信息后，立即组织救援，救援期间的费用先由政府垫付。政府应当救援并不意味着救援成本应当完全由政府承担。

（3）完善游客意外伤害保险体系，考虑强制保险的可能性

当前我国各大保险公司的旅游类保险，基本是面向普通出

行游客的意外险和交通险，并没有针对探险旅游者的特定险种。与普通出游相比，探险旅游的风险要高得多，而一旦实际发生风险，其损伤程度也要高得多。对这样的情况，相应的保险公司要有针对性地结合我国的户外探险旅游项目的具体情况，推出合适的险种。同时，政府等相关部门也可以考虑出台相应的法律法规，比如，可以参照《机动车强制保险条例》，考虑推行户外探险强制保险的可行性，从而分散风险，减小救援费用负担。

（三）野生动物园内游客被动物伤害的责任承担

1. 频频发生的野生动物园动物伤人事件

近年来，动物园里动物致人伤害事故频繁发生：2015 年，秦皇岛野生动物园白虎园，一名游客自驾参观时，因擅自下车而遭虎攻击致死；2016 年北京八达岭野生动物园老虎袭人致一死一伤；2017 年，宁波市雅戈尔动物园，一名游客翻墙进入老虎散放区，结果被老虎袭击致死；2017 年，北京市八达岭野生动物园猛兽区，一名游客自驾游览时打开车窗投喂食物给黑熊，导致手臂被黑熊咬伤。

2. 野生动物园的安全保障义务

（1）安全保障义务是动物园管理职责的应有之义

从理论上来说，动物园管理职责来源于动物园的安全保障义务。安全保障义务是指"行为人如果能够合理预见他人的人身或者财产正在或者将要遭受自己或者与自己有特殊关系的他人实施的侵权行为或者犯罪行为的侵害，即要承担合理的注意义务和采取合理的措施，预防此种侵权行为或者犯罪行为的发生，避免他人遭受人身或者财产损害"①。

从具体的法律依据来说，安全保障义务是《侵权责任法》对公共场所的管理人的规定，也是《安全生产法》对生产经营单位的强制要求。

根据《侵权责任法》第三十七条的规定，公共场所的管理人或者群众性活动的组织者，未尽到安全保障义务，造成他人损失的，应当承担侵权责任。

首先，野生动物园是《安全生产法》的适用对象。该法明确规定："在中华人民共和国领域内从事生产经营活动的单位的安全生产，适用本法"。野生动物园收取公园门票，为游客提供游览观光服务，开展营利性经营活动，属于生产经营单位，应当遵守《安全生产法》的规定。其次，野生动物园作为生产经营单位，排查其园区内安全生产隐患是其应负有的责任与义务。《安全生产法》第十七条规定生产经营单位应当具备安全生产条件，第三十八条规定生产经营单位应当及时发现并消除事故隐患。② 如果野生动物园忽视游览方式的非安全性，而是依靠游客的自觉性来保障安全，显然未尽到法定义务。

（2）关于安全生产条件的标准

要衡量野生动物园是否履行其安全保障义务，其中的一个前提就是要确定其是否具备安全生产条件。我们以八达岭野生

---

① 张民安：《人的安全保障义务理论研究：兼评〈关于审理人身损害赔偿案件适用法律若干问题的解释〉第 6 条》，《中外法学》2006 年第 6 期。

② 《安全生产法》第十七条规定："生产经营单位应当具备本法和有关法律、行政法规和国家标准或者行业标准规定的安全生产条件；不具备安全生产条件的，不得从事生产经营活动"。第三十八条规定，"生产经营单位应当建立健全生产安全事故隐患排查治理制度，采取技术、管理措施，及时发现并消除事故隐患。"

动物园老虎伤人事件为例来分析，在关于该事件的讨论中，有相当大一部分观点认为，如果动物园方面证明了兽舍设施、设备不存在瑕疵，有明显的警示牌，巡逻人员对游客挑逗、投打动物，或者擅自翻越栏杆靠近动物等行为进行了劝阻，那么，动物园就具备了安全生产条件，已经履行了安全保障义务。[1]之后，事件调查组所得出的结论，即认定"7·23"东北虎致游客伤亡事件不属于生产安全责任事故，[2]似乎也印证了这一观点。

在不质疑调查结论的公正性的前提下，我们可以判断八达岭野生动物园在相关方面已经达到了现行的安全生产条件的标准。但是一些事实使人们对此产生怀疑。该动物园在老虎伤人事件的次年，又发生了黑熊伤人事件。而且，这并不是该动物园仅有的两次动物伤人事件。公开资料显示，该动物园以前曾数次发生类似事件。如2016年3月，八达岭野生动物园一名工作人员在给大象喂食时被踩死；2014年，一名巡逻员在八达岭野生动物园孟加拉虎园区被老虎咬伤，经抢救无效死亡；2012年，一位老年妇女在八达岭野生动物园华南虎区被突然出现的老虎扑倒撕咬；2009年，一名男子在八达岭野生动物园虎园被老虎咬死。[3]这些事件发生在同一个动物园内，实在很难让人相信是偶然现象。

---

① 王玉花：《野生动物园事故责任问题上的专家观点和公众观念评析》，《河北工业大学学报（社会科学版）》2017年第9期。

② 《八达岭野生动物园老虎咬死游客事件调查结果公布》，新浪财经，2016年08月24日，http://finance.sina.com.cn/roll/2016-08-24/doc-ifxvctcc8432160.shtml，访问日期：2019年11月16日。

③ 常纪文、孙宝民：《八达岭野生动物园伤人事件的法律定性、责任认定与立法弥补》，《中国安全生产》2017年第12期。

　　游客蔑视规则、缺乏安全意识，当然是造成大多数事故的直接原因，但是如果野生动物园的安全保障完全依赖游客的素质和自觉来维系，未免过于脆弱。多次发生的事故说明该野生动物园存在安全生产隐患且已经转化成现实风险，客观事实证明其安全生产条件不足。结合上述事件调查组的调查结果，我们只能得出一个合理的结论：该动物园在相关方面已经达到了现行的安全生产条件的标准，但仍然不能保障游客的安全，这只能说明现行的标准过低。

　　3. 动物伤人事件的责任承担

　　（1）野生动物园的责任

　　野生动物园作为生产经营单位，如果没有尽到《安全生产法》规定的全面排除安全生产隐患的义务，当这些隐患在现实中已经转化为动物伤人事故之后，应当承担相应的行政责任和民事责任。行政责任，是指有关部门按照职责规定对野生动物园予以行政处罚；民事责任，是指野生动物园依据自身的过错程度对受害游客予以适当的民事赔偿。

　　野生动物园承担责任的法律依据是《安全生产法》第一百一十一条的规定[①]和《侵权责任法》第 81 条的规定[②]。后者对野生动物园动物伤人事故园方的责任承担有着明确规定，但同时也规定了园方的"免责条款"，即"能够尽到管理职责的，不承担责任"。

[①] 《安全生产法》第一百一十一条规定："生产经营单位发生生产安全事故造成人员伤亡、他人财产损失的，应当依法承担赔偿责任；拒不承担或者其负责人逃匿的，由人民法院依法强制执行"。

[②] 《侵权责任法》第 81 条规定："野生动物园的动物造成他人损害的，野生动物园应当承担侵权责任，但能够证明尽到管理职责的，不承担责任"。

（2）游客自身的责任

游客作为具有完全民事行为能力的行为主体，在通常情况下，当然对自身安全负有义务，即使是在野生动物园这种存在危险性、有园方承担安全保障义务的环境中，其对自身安全的注意义务依然存在。在动物伤人事故中，如果游客本身未能尽到相应的注意义务，则应当承担相应的责任。

《侵权责任法》第 26 条规定："被侵权人对损害的发生也有过错的，可以减轻侵权人的责任。"第 27 条规定："损害是因受害人故意造成的，行为人不承担责任。"游客的过错程度应当是责任分配中的重要考量因素。如果游客采取直接刺激猛兽等故意的自杀性行为的，动物园则不应承担赔偿责任。如果游客具有疏忽大意、过于自信等过错的，则应相应减轻动物园承担的赔偿责任。

4. 引发的思考

既要保护野生动物的生存环境和福利，也要充分保障游客及饲养人员的安全，这应当是合格野生动物园的基本要求。目前专门针对野生动物园管理的行业规范、安全标准与法律法规等具体制度的缺失，是造成野生动物园动物伤人事件频发的根本原因。可以从两个方面进行完善。

首先，修改《城市野生动物园管理规定》，明确可以采取的游览方式，禁止采取不安全的游览方式。应当改变目前野生动物园自驾游的方式，探寻建立一种更为科学、更为安全的游览模式。

其次，应当进一步细化相关的安全生产条款，统一制定安全设施标准、安全行为标准、安全救援标准，提高动物园管理的职责要求。

三　旅游景区监管的探索与创新

（一）国家公园旅游服务质量监管体制的探索

1. 我国国家公园的建设与发展

国家公园最早起源于美国，1872 年美国建立的黄石国家公园是世界上第一个国家公园，之后被许多国家仿效和借鉴。国家公园是以保护具有典型性、稀有性的生态系统与自然文化景观为目的，为公众提供科研、游憩、教育机会，并由国家统一管理与保护的区域[①]，从作用上来说，一方面能加强对自然资源的保护，另一方面也有利于对自然资源进行适度的开发和利用。[②]

党的十九大报告指出："构建国土空间开发保护制度，完善主体功能区配套政策，建立以国家公园为主体的自然保护地体系"。这意味着，我国的自然保护地体系正在经历一场深刻的历史性变革，将会逐渐从目前的以自然保护区为主体转变为今后的以国家公园为主体，国家公园将作为自然资源保护的重要形式。自然保护地为人类社会生存和发展提供了天然的绿色屏障，是全人类生态安全的底线。根据《建立国家公园体制总体方案》，我国的国家公园管理建设进入了统一管理、有序发展的新阶段。

[①] 钟林生、肖练练：《中国国家公园体制试点建设路径选择与研究议题》，《资源科学》2017 年第 1 期。

[②] 《建立国家公园体制总体方案》明确了国家公园是指由国家批准设立并主导管理，边界清晰，以保护具有国家代表性的大面积自然生态系统为主要目的，实现自然资源科学保护和合理利用的特定陆地或海洋区域。

国家林业和草原局于 2019 年 7 月 9 日发布的消息显示，目前，全国已建成三江源、大熊猫、东北虎豹、湖北神农架、钱江源、南山、武夷山、长城、普达措和祁连山 10 处国家公园体制试点①，总面积约 22 万平方公里。② 为了更好地对国家公园进行规划和建设，以及对建设完成后的国家公园进行规范的管理，相关的立法实践也在逐步展开。在国家公园试点区，如云南省普达措、青海省三江源、福建省武夷山、湖北省神农架，相继出台了各自的国家公园管理试行条例。我国的国家公园建设正在稳步进行，按照国家林业和草原局在 2019 年 10 月 17 日召开的新闻发布会上披露的消息，通过总结各个试点区的经验，我国将在 2020 年，正式设立一批国家公园。

2. 国家公园的旅游开发

国家公园的建设主要以保护为主，但是国家公园也是我国主要的旅游开发区，而且旅游业在第三产业中占有很重要的地位，所以导致国家公园的建设不能简单地以封闭式的保护为主。一方面，按照《建立国家公园体制总体方案》，国家公园属于全国主体功能区规划中禁止开发的区域，纳入全国生态保护红线区域管控范围，实行最为严格的保护。另一方面，封闭式的保护必然会抑制国家公园在教育、休憩、旅游、科研等方面的功能，无法发挥国家公园应有的作用和优势。特别是旅游业的开发，这是国家公园的一项基本功能，从本质上来说，与国家公

① 涉及的 12 个地区分别是青海、吉林、黑龙江、四川、陕西、甘肃、湖北、福建、浙江、湖南、云南、海南。
② 《我国已建成十处国家公园体制试点》，中国政府网，2019 年 7 月 10 日，http://www.gov.cn/xinwen/2019－07/10/content_ 5407752.htm，访问日期：2019 年 11 月 3 日。

园的公益属性十分契合，而且从经济上看，开发旅游业可以显著增加国家公园保护所需要的资金支持，从而使国家公园得到更好的建设，形成良性循环。

与其他旅游景区相比，国家公园有其特殊性。自然遗产资源是全体国民的一项福利，美国的《黄石公园法案》明确了黄石公园是为了人民的利益被批准成为公众的公园及娱乐场所，同时也是"为了使她所有的树木、自然奇观和风景，以及其他景物都保持现有的自然状态而免于破坏"[①]。公益化、全民化应当是国家公园建设中要坚持的重点。国家公园应当作为公共旅游资源服务于全体国民，基于其公益化属性，门票价格自然需要与之相适应，所以低价门票或免票是世界各地国家公园的常见做法。这与我国旅游景区普遍重视并将门票作为主要收入来源的现状相悖。如何在这两者之间协调和平衡，是未来国家公园运营所面临的一个挑战。

3. 国家公园旅游服务质量的监管体制

国家公园旅游服务质量的监管体制建设，应当做到以下几点。

（1）适应"大旅游"格局的需求，树立全要素管理意识

旅游业的发展具有极强的产业关联性，特别是当前面临"大旅游"的新格局，许多非旅游因素直接或间接地影响旅游服务质量。旅游者的旅游活动牵涉很多旅游以外的其他因素，很多问题已经不是单纯由一个管理部门就能解决的，建立全要素管理体制才能适应大旅游格局的要求。

国家公园的管理体制相比其他景区具有优势。一是可以组建

---

① 滕海键：《战后美国环境史》，吉林文史出版社，2007。

统一的管理机构，进行国家公园范围内的全面管理；二是可以获得授权，履行国家公园范围内必要的资源环境综合执法职责。[①]

从国家公园试点区的情况来看，以上优势已经有所体现。部分试点区挂牌成立了国家公园管理局，实现了跨省区市的统一管理，比如祁连山、东北虎豹、大熊猫等体制试点区；部分省区市成立了省级直属的国家公园管理局，统一行使国家公园范围内的管理事权，如浙江、福建、海南、青海等地区；其他各国家公园体制试点区也分别成立了专门的管理机构。[②]

（2）建立国家公园统一的旅游服务质量标准化体系

要对旅游服务质量进行有效的监管，重要的前提之一就是有较高程度的旅游服务质量标准。这是旅游企业提高旅游产品和服务质量的规范性标准，也是进行旅游质量监管的重要依据。国际上，国家公园一般采取管理权与经营权分离的特许经营机制。我国国家公园管理局应当建立统一的旅游服务质量标准体系，通过对特许经营企业进行统一规划、招标分配与运营监管，引导这些企业认真执行服务质量标准化。这是预防旅游质量问题的重要路径。

3. 关注从业人员素质，加强内部监管

传统上我国的不少景区都非常注重旅游硬件设施的投入，但在旅游服务方面重视度不够。而旅游服务质量的高低与旅游

[①] 按照《建立国家公园体制总体方案》，国家公园设立后整合组建统一的管理机构，履行国家公园范围内的生态保护、自然资源资产管理、特许经营管理、社会参与管理、宣传推介等职责，负责协调与当地政府及周边社区关系，并且可根据实际需要，授权国家公园管理机构履行国家公园范围内必要的资源环境综合执法职责。

[②] 《我国将于2020年正式设立国家公园》，中国政府网，2019年10月18日，http：//www.gov.cn/xinwen/2019－10/18/content_ 5441647. htm，访问日期：2019年11月13日。

从业人员的整体素质有很大关系。加强旅游服务人员的服务意识和服务技能培训，可以提高旅游服务质量。

（二）自然类旅游景区的生态保护与旅游体验之间的协调问题

1. 迅速发展的生态旅游

数据显示，我国生态旅游发展迅速。

目前，我国已建立各级各类自然保护地 1.18 万处，占国土陆域面积的 18%，领海面积的 4.6%；其中国家公园体制试点 10 处、国家级自然保护区 474 处、国家级风景名胜区 244 处；拥有世界自然遗产 14 项、世界自然与文化双遗产 4 项、世界地质公园 39 处，数量均居世界第一位。① 同时，我国生态旅游年接待游客量多年来一直保持 15% 左右的年增长率，包括森林体验、森林康养、自然教育、山地运动、冰雪旅游、湿地旅游、荒漠旅游、国家森林步道等在内的生态旅游新业态新产品，生态旅游越来越成为新时代人民美好生活的重要组成部分。

2. 生态保护与生态旅游的关系

（1）保护第一，开发第二

旅游追求的是美景，其自身所携带的游览体验属性，与生态环境的可持续发展是相一致的。生态旅游要求旅游活动的开展既要保护自然环境，又要维护当地人民的生活。生态旅游的开发一定要建立在环境资源保护工作之上，环境资源一旦遭到严重破坏，那么自然保护区也将失去存在的价值，生态旅游更是无从谈起。从可持续发展的角度来看，保护环境资源的根本

---

① 《生态文化旅游元素点亮第七届文化和旅游融合与创新论坛》，新华社官方账号 2019 年 11 月 25 日发布。

目的就在于促进当地的发展，促进发展就需要对环境资源进行开发和利用，生态旅游是发展的路径之一。以长白山自然保护区为例，其所开发的生态旅游项目为该地区带来了巨大的经济效益。周边多项产业的发展从中获益，为当地提供了更多的就业岗位，同时也提升了自然保护区环境污染治理、环境改善和检测的能力。[①]

"生态兴则文明兴，生态衰则文明衰。"自然类旅游景区的生态保护目标保存现有资源的整体生态价值、基本特征以及对人类活动干扰进行自我恢复的能力。具体来说，包括保护、保存并提高地表和地下水质量；保存、保护并提高动植物及其栖息环境的多样性；保护自然风景的质量等。

（2）协调发展的原则——因地制宜

因地制宜是自然类旅游景区开发的一项根本原则。比如说，植被资源应该就其品种、光照、习性、水分等生长需求来创设其自然生长的环境条件。

3. 在保护生态的同时提升旅游体验

生态旅游得以生存的前提是什么？生态旅游可持续发展的基础是什么？其答案都是良好的生态环境。

（1）注重"生态环境承载力"

要适度建设，避免盲目开发，以资源节约、环境友好为发展理念，加强对于生态景区自然资源的保持与维护。保持其原真性状态，确保景区自然资源的完整性与生物多样性。让旅游设施的建设与环境容许限度相一致，要始终注重"生态环境承

---

① 《生态景区被关停：生态保护与旅游开发的利益博弈》，《人民日报》2018 年 7 月 26 日。

载力"，确保旅游者不能进入环境保护的核心区，不能超出生态环境承载力的范围。

（2）加强宣传和旅游者参与及互动程度，培育旅游者的环境意识

通过新媒体广泛、科学的宣传，让游客认识到保护自然生态旅游资源的作用，培养文明旅游意识和环保理念，维护生态平衡。应该进一步促进生态型旅游景区内各类游憩活动的开展，增强游憩活动的丰富程度，并将各种环保内容有机融入这些活动中，并且尽可能地使每一位旅游者都能参与其中，让旅游者与生态景区通过游憩活动的形式更好的融到一起，激发旅游者环保意识。关爱自然，让人与自然和谐相处、平衡发展。

（三）文物安全与旅游体验之间的平衡问题

1. 文旅融合的发展之路

习近平总书记指出：要让收藏在博物馆里的文物、陈列在广阔大地上的遗产、书写在古籍里的文字都活起来。文旅融合为此提供了重要途径。我国拥有悠久的历史和灿烂的文明，大量的古代建筑、历史遗迹、各种文物都是构建我国文化软实力的重要载体，也成为发展我国文化旅游产业的重要支柱[①]。

2019 年，"文化＋旅游"成为热议话题之一。文化和旅游部部长雒树刚表示："推动文化和旅游融合发展是以习近平同志为核心的党中央做出的重要决策，我们深深体会到文化是旅游的灵魂，旅游是文化的载体。文化使旅游的品质得到提升，旅

---

① 周玮：《基于城市记忆的传统文化旅游地空间溯源——以南京夫子庙秦淮风光带为例》，《地域研究与开发》2016 年第 3 期。

游使文化得以广泛传播。通过文化和旅游的融合发展，文化可以更加富有活力，旅游也会更加富有魅力。"① 文物类旅游正是文化旅游的重要组成部分。中国是世界文明古国，应当发挥好文化和旅游融合发展的体制优势，以文旅融合更好地促进文物保护与利用、文化传承与交流。②

2019 年春节，"博物馆里过大年"成为新年俗，这也充分说明人民群众对文物类旅游的需求和认可。2019 年春节，全国数千家博物馆推出上万场精彩活动。据中国旅游研究院统计，游客在春节期间参观博物馆的比例高达 40.5%（见表 9 – 2）。③

表 9 – 2　2019 年春节部分地区博物馆活动情况

地　区	活　动
北　京	多家博物馆举办新春民俗文物展，营造首都欢乐祥和的节日气氛
吉　林	110 家博物馆举办 159 项猪年文化题材展览，开展各项活动 1337 场次
陕　西	陕西历史博物馆、秦始皇帝陵博物院、西安博物院面向广大青少年开展主题宣传活动，策划"荐福文化大庙会"，全省博物馆春节参观人数达 1196 万人次
四　川	成都武侯祠博物馆 7 天接待观众 83 万人次，同比增长超过 30%

2. 文物类旅游景区存在的问题

在文物类旅游火热发展的同时，伴随而生的诸多问题也不可忽视。这些问题可以概括为两个方面：一方面，破坏文物的现象时有发生，对文化遗产的保护与传承已构成了威胁；另一

---

① 《两会热点——文化＋旅游绽放更大魅力》，搜狐网，2019 年 3 月 19 日，http：// www. sohu. com/a/302355519_ 100086346，访问日期：2019 年 11 月 25 日。

② 王德刚：《以文旅融合促进文物保护和文化交流》，《中国旅游报》2019 年第 3 版。

③ 《"博物馆里过大年"成为新年俗——国家文物局博物馆与社会文物司相关负责人接受采访》，国家文物局官网，2019 年 2 月 26 日，http：//www. sach. gov. cn/art/2019/ 2/26/art_ 722_ 153767. html，访问日期：2019 年 11 月 25 日。

方面，文物类旅游开发不尽合理，游客的旅游体验不佳。

（1）文物保护不到位

这其中既有文物类旅游景区自身开发方面的原因，又有部分旅游者缺乏文化保护意识的原因。

从文物类旅游景区自身来看，盲目开发、过度开发的情形不在少数，缺乏科学论证和合理规划的开发已经对文化遗产的保护构成了威胁。具体有以下几点。

一是兴建旅游基础设施，使古文物原生态环境遭受破坏。在文物保护区内进行旅游开发，必然要进行基础设施建设，如道路、宾馆、酒店等，在原有的文化遗存基础上增添人工景观，使之适应旅游活动开展的需要，这势必会影响到古文物原生态环境的保持。甚至有部分旅游景区为了吸引游客，针对古文物进行随意改造，导致古文物严重受损。[1]

二是盲目追求游客数量。为了追求利润，不科学地核定景区的承载量，超负荷地接待游客，加快了文化遗产的老化、破坏。

三是环境污染对文物的影响。随着游客数量的大量增加，所排出的二氧化碳气体，也可能在不知不觉中逐渐侵蚀着古文物。尤其是对于洞窟、古墓等环境相对封闭的古遗迹，其所造成的影响是不可忽视的。[2] 此外，交通工具排出的大量废气，旅游基础设施中排出的垃圾、废水等，都会污染文物保护区的环境。

---

[1]　陈诚：《海南少数民族地区历史文物遗址保护现状及对策》，《文化学刊》2018 年第9 期。

[2]　杨伟：《新形势下对古文物保护与旅游开发的协调措施探究》，《博物馆学》2019 年第1 期下。

从旅游者方面来看，部分旅游者缺乏文化保护意识，本身行为不规范，导致文物受损。关于游客人为破坏文物的这类报道并不少见，比如很久以前就有在长城上刻"到此一游"的现象，同样的刻字在龙门石窟等景区和许多木质古建筑上也并不少见，也有因使用强光拍照损坏洞窟壁画的现象。即使在经过多年的保护文物的宣传之后，2019年仍然可以看到类似现象，比如非法拓印破坏1400多年南朝石刻。[①] 除了这些明显破坏文物的现象之外，游客各种不文明举动，比如抚摸、踩踏、攀登等行为，也在慢慢破坏着文物。

（2）游客的旅游体验不佳

游客对文物类旅游景区的抱怨，主要集中在几个点。

一是人太多。景区的承载量设定可能不够科学，尤其是在公共节假日期间，各景区都是人满为患，"看景"变成"看人"，这使游览者的参观体验大打折扣，同时带来了安全隐患。

二是开放程度有限。景区内有很多区域属于"非开放区，游客止步"；景区内大量的文物藏品沉睡在库房里面，拿出来展示的比例偏低。

三是文物的陈列展览缺乏吸引力，缺乏与旅游者的互动。理想的展览陈列应当是能够引发游客的情感共鸣，能够向游客展现文物所包含的独特历史信息。但国内不少旅游景区内的展馆布局混乱，且展出的文物大多观赏性不强。[②]

---

① 《江苏距今已余1400多年南朝石刻遭非法拓印　文物部门报警　涉案教师道歉》，搜狐网，2019年10月10日，http://www.sohu.com/a/346041480_100099734，访问日期：2019年11月27日。

② 孙海东：《试论文化遗产类旅游景区文化建设的现状和对策研究》，《自然与文化遗产研究》2019年第7期。

综上，如何既能科学地保护好文物，又能提升旅游者的旅游体验，是文物类旅游景区必须思考和解决的问题。

3. 文物安全与旅游体验之间的平衡

历史文物是不可再生的，也是不可替代的。"保护为主、开发为辅"，必然是文化遗产类景区一切行动的最高准则。

在这一原则之下，总结一些景区的成功经验，寻求文物安全与旅游体验之间的平衡点可以采取以下措施。

（1）科学核定景区的承载量，实行游客的总量控制

国外的一些著名的文物类旅游景点，比如法国的卢浮宫，采取了限流措施来控制游客总量。近年来，我国一些文物类旅游景区，比如敦煌莫高窟、故宫博物院、布达拉宫等，也在采取类似措施，通过网络预约售票，并采取对单日游客总量设定限额等方式来避免因超出景区的承载量而对文物安全产生危害。

八达岭长城也于 2019 年开始实施实名制预约售票，并试行单日游客总量控制，每日最大流量为 6.5 万人次。这一数字是经过科学计算后核定出来的。① 从游客反馈来看，其结果是令人满意的。景区限流预约是对景区、游客的双保护，在保护景区文物和自然资源的同时，能让游客获得更安全、更有尊严的游览体验，得到更好的精神享受。

（2）合理安排开放区域

故宫博物院这几年采取了一些成功提升游客体验的举措，

---

① 景区依据文化和旅游部下发的《景区最大承载量核定导则》，委托第三方公司从安全、管理、文化、生态等角度，根据景区地形条件以及核心区、服务区和缓冲区等测绘数据，科学核定出景区日最佳承载量为 6.5 万人次。参见景区限流不限游，法制网，2019 年 6 月 20 日，http：//www. legaldaily. com. cn/Finance_ and_ Economics/content/2019 - 06/20/content_ 7906360. html，访问日期：2019 年 11 月 27 日。

值得其他景区借鉴。

一是"点亮了"紫禁城。故宫的大殿都是木结构的建筑，出于消防安全需求之前一直没有通电照明，观众只能挤着往大殿里看，经过与消防部门共同研究，反复实验，在大殿中设置了合理安全的照明设施，成功"点亮了"紫禁城。[①] 这一举措大大提升了游客的旅游体验。

二是扩大开放区域。2012 年故宫的开放面积是 30%，从 2013 年到 2018 年，通过持续开展古建筑维修保护工程，故宫博物院的开放范围经过多次扩大。到了 2018 年 9 月 25 日，随着故宫南大库家具展厅的开放，紫禁城开放面积扩大到 80%。2019 年，故宫又开放了神武门外至东华门外的故宫城墙和筒子河之间的通道。《故宫保护总体规划（2013～2025）》（简称《规划》）于 2018 年正式获批通过，根据该《规划》，故宫最终的对外开放面积将达 85.02%，包括紫禁城、端门到午门通道，以及三处城外区域。紫禁城的规划开放比例为 82%。[②]

（3）科学保护文物，合理设计展陈

文物的陈列展览，既要考虑美学角度，也要重视安全角度。一方面文物的陈列展览要做到布局合理、观赏性强；另一方面展柜的设计必须首先满足文物的保存要求，既要实时监测展馆内的温度、湿度、灰尘、光照、微生物等对展品的影响，也要做好防盗等安保防范措施。[③]

---

① 单霁翔：《文旅融合的故宫实践》，《中国旅游报》2019 年第 4 版。
② 《地图解读故宫开放新区域：2025 年几乎全部开放！》，http://www.360doc.com/content/19/0311/23/276037_820839060.shtml，访问日期：2019 年 11 月 27 日。
③ 孙海东：《试论文化遗产类旅游景区文化建设的现状和对策研究》，《自然与文化遗产研究》2019 年第 7 期。

（4）强化文物的保护宣传

《文物古迹保护法》中明确了历史遗迹的保护不仅是文保部门的责任，更是全社会的责任。应加大宣传教育，提高全社会的文物保护意识。文物类旅游景区在做到科学核定景区的承载量、合理安排开放区域、科学保护文物、合理设计展陈的同时，也要做好文物保护的宣传工作，注意对游客的行为进行引导，打造文明旅游的大环境。

参考文献

[1] 吴丽云：《夜游经济潜力巨大推动发展正当其时》，《中国旅游报》2019年第3期。

[2] 吴丽云：《国家文化公园建设要突出"四个统一"》，《中国旅游报》2019年第3期。

[3] 邹统钎、韩全：《国家文化公园建设语管理初探》，《中国旅游报》2019年第3期。

[4] Daniel F. Spulber：《管制与市场》，三联书店，1999，第45页。

[6] 张超颖：《中国旅游业行政监管研究》，《中国矿业大学》2015年。

[7] 徐万佳：《国务院旅游工作部际联席会议制度建立》，《中国旅游报》2014。

[8] 王文杰：《我国旅行社市场监管研究》，《上海师范大学》2011年。

[9] 王天星：《澳大利亚旅游代理商市场监管制度的特点及启示》，《法学杂志》2005年第5期。

[10] 蔡家成：《我国导游管理体制研究之七：导游协会》，《中国旅游报》2010年。

[11] 汪明军：《金华市公共场所卫生监管存在的问题及对策研

究》，《湘潭大学》2016 年。

[12] 赵诣：《上海市公共卫生领域加强事中事后监管研究》，《中共上海市委党校》2018 年。

[13] 马英娟：《走出多部门监管的困境——论中国食品安全监管部门间的协调合作》，《清华法学》2015 年第 3 期。

[14] 杨伟：《新形势下对古文物保护与旅游开发的协调措施探究》，《博物馆学》2019 年第 1 期。

[15] 孙海东：《试论文化遗产类旅游景区文化建设的现状和对策研究》，《自然与文化遗产研究》2019 年第 7 期。

[16] 丹尼尔·F. 史普博：《规制与市场》，上海三联书店，1999。

[17] 金泽良雄：《经济法概论》，中国法制出版社，2005。

[18] 韩中华、付金方：《西方政府规制理论的发展及其对我国的启示》，《中国矿业大学学报（社会科学版）》2010 年第 1 期。

[19] 谢地：《政府规制经济学》，高等教育出版社，2003。

[20] 植草益：《微观规制经济》，中国发展出版社，1992。

[21] 崔妍：《国外政府规制理论研究述评》，《学理论》2015 年第 1 期。

[22] 王爱君、孟潘：《国外政府规制理论研究的演进脉络及其启示》，《山东工商学院学报》2014 年第 1 期。

[23] 安东尼．奥格斯（Anthony I. Ogus）规制：《法律形式与经济学理论》，中国人民大学出版社，2008。

[24] 任超锋、朱昭霖：《中美政府规制的比较制度分析》，《云南财经大学学报（社会科学版）》2008 年第 3 期。

[25] 刘涛：《宜兴市公共场所卫生监管的现状、存在问题及对

策研究》，《东南大学》2018。

[26] 孙亚明、潘健：《公共场所卫生监督工作目前存在的问题及对策》，《现代预防医学》2003年第期5期。

[27] 李艳、吴传安、曹雪莲、陈敏：《基层卫生监督执法中存在的问题与对策研究》，《中国卫生事业管理》2006年第6期。

[28] 集月音：《景区监管"九龙治水"体制须理顺》，《河北经济日报》2018年第2期。

[29] 桑胜高：《景区营销不能牺牲公平》，《经济日报》2019年第13期。

[30] 安金明主编《北京旅游发展报告（2019）》，社会科学文献出版社，2019。

[31] 关汉玉：《探险旅游在我国发展的前景初探》，《黑河学刊》2010年第8期。

[32] 刘纯：《户外探险旅游存在的问题及应对措施》，《产业与科技论坛》2009年第6期。

[33] 曲金凤：《关于探险旅游发展现状的若干思考》，《旅游管理研究》2016年第1期。

[34] 唐烨：《规范户外运动救援机制的法律思考——从首例违规驴友被罚说起》，《天水行政学院学报》2016年第1期。

[35] 翁川龙：《有偿救援的性质及我国有偿救援制度的完善》，《濮阳职业技术学院学报》2019年第3期。

[36] 吴江海：《黄山有偿救援三问》，《安徽日报》2018年。

[37] 张民安：《人的安全保障义务理论研究：兼评〈关于审理人身损害赔偿案件适用法律若干问题的解释〉第6条》，

《中外法学》2006 年第 6 期。

［38］ 王玉花：《野生动物园事故责任问题上的专家观点和公众观念评析》，《河北工业大学学报（社会科学版）》2017年第 9 期。

［39］ 常纪文、孙宝民：《八达岭野生动物园伤人事件的法律定性、责任认定与立法弥补》，《中国安全生产》2017 年第12 期。

［40］ 钟林生、肖练练：《中国国家公园体制试点建设路径选择与研究议题》，《资源科学》2017 年 1 期。

［41］ 周玮：《基于城市记忆的传统文化旅游地空间溯源——以南京夫子庙秦淮风光带为例》，《地域研究与开发》2016年第 3 期。

［42］ 王德刚：《以文旅融合促进文物保护和文化交流》，《中国旅游报》2019 年第 3 期。

［43］ 陈诚：《海南少数民族地区历史文物遗址保护现状及对策》，《文化学刊》2018 年第 9 期。

图书在版编目（CIP）数据

中国旅游市场发展与监管报告.2019／邹统钎主编
. -- 北京：社会科学文献出版社，2020.7
ISBN 978 - 7 - 5201 - 6375 - 0

Ⅰ.①中… Ⅱ.①邹… Ⅲ.①旅游市场 - 经济发展 -
研究报告 - 中国 - 2019 ②旅游市场 - 市场监管 - 研究报告
- 中国 - 2019 Ⅳ.①F592

中国版本图书馆 CIP 数据核字（2020）第 039336 号

中国旅游市场发展与监管报告（2019）

主　　编／邹统钎
执行主编／吴丽云

出 版 人／谢寿光
组稿编辑／任文武
责任编辑／杨　雪

出　　版／社会科学文献出版社·城市和绿色发展分社（010）59367143
　　　　　　地址：北京市北三环中路甲 29 号院华龙大厦　邮编：100029
　　　　　　网址：www. ssap. com. cn
发　　行／市场营销中心（010）59367081　59367083
印　　装／三河市尚艺印装有限公司

规　　格／开　本：787mm × 1092mm　1/16
　　　　　　印　张：17.5　字　数：265 千字
版　　次／2020 年 7 月第 1 版　2020 年 7 月第 1 次印刷
书　　号／ISBN 978 - 7 - 5201 - 6375 - 0
定　　价／88.00 元

本书如有印装质量问题，请与读者服务中心（010 - 59367028）联系